यतीश कुमार

मूलतः बिहार के मुंगेर जिले से आनेवाले यतीश कुमार ने पिछले कुछ वर्षों में साहित्य-जगत में अपनी विशेष रचनात्मक उपस्थिति दर्ज कराई है। चर्चित उपन्यासों, कहानियों और वृत्तान्तों पर उनकी काव्यात्मक समीक्षाओं ने पाठकों का ध्यान ख़ासतौर पर आकर्षित किया है।

उनकी कविताएँ और संस्मरण 'नया ज्ञानोदय', 'हंस', 'अहा! ज़िन्दगी', 'सन्मार्ग', 'प्रभात ख़बर' और 'वागर्थ' सहित अधिकतर प्रतिष्ठित पत्र-पत्रिकाओं में प्रकाशित हो चुके हैं। समालोचन, जानकी पुल, पहली बार, कविता कोश आदि चर्चित साहित्यिक ब्लॉगों पर भी उनकी रचनाएँ प्रकाशित हैं।

साहित्य सृजन के साथ-साथ विभिन्न साहित्यिक-सामाजिक संस्थाओं से भी वे सक्रिय रूप से जुड़े हैं और इन दिनों कोलकाता की साहित्यिक संस्था 'नीलाम्बर' के अध्यक्ष हैं।

'अन्तस की खुरचन' उनका पहला कविता-संग्रह है।

सम्प्रति : वे भारतीय रेलवे सेवा के प्रशासनिक अधिकारी हैं। वर्तमान में 'ब्रेथवेट एंड कम्पनी लिमिटेड' का कार्यभार सँभाल रहे हैं।

सम्पर्क : 19, द वुडलैंड सिंडिकेट, अलीपुर रोड, कोलकाता-700027

अन्तस की खुरचन

यतीश कुमार

राधाकृष्ण पेपरबैक्स

राधाकृष्ण पेपरबैक्स में
पहला संस्करण : 2021
चौथा संस्करण : 2023

राधाकृष्ण पेपरबैक्स : उत्कृष्ट साहित्य के जनसुलभ संस्करण

राधाकृष्ण प्रकाशन प्राइवेट लिमिटेड
जी-17, जगतपुरी, दिल्ली-110 051
द्वारा प्रकाशित

शाखाएँ : अशोक राजपथ, साइंस कॉलेज के सामने, पटना-800 006
पहली मंजिल, दरबारी बिल्डिंग, महात्मा गांधी मार्ग, प्रयागराज-211 001
1, अनमोल सोराबजी संतुक लेन, धोबी तलाव, मरीन लाइंस, मुम्बई-400 002
वेबसाइट : www.radhakrishnaprakashan.com
ई-मेल : info@radhakrishnaprakashan.com

बी.के. ऑफसेट
नवीन शाहदरा, दिल्ली-110 032
द्वारा मुद्रित

मूल्य : ₹299

ANTAS KI KHURCHAN
Poems by Yatish Kumar

ISBN : 978-93-91950-05-7

स्मिता, शुक्रिया! मुझे वापस इस दुनिया में लाने के लिए...

क्रम

खंड : दो

साझा-धागा

प्रस्तावना

जितने ही अधिक लोग साहित्य और अन्यान्य कलाओं से जुड़ते जाते हैं, समाज उतना ही उदात्त, पारस्परिक और संवेदनशील होता जाता है। कविता के परिसर में यतीश कुमार की एंट्री एक ऐसा ही समाचार है। यतीश युवा ही हैं और हमारा समाज युवाओं का ही है। ऐसे में वे कविता के परिसर में दाख़िल होते हैं तो एक सांस्कृतिक रूप, रस और गन्ध के साथ। हमारे समय की कविता की संवेदना, दूब की संवेदना है। हरी, अर्कभरी और किंचित् सख़्त। पर्व-दर-पर्व यह पुरस्कृत हो रही है। हमें यह समझना होगा कि यह पुरस्कृत होना किसी इनाम या तमग़ों का बोधवाची नहीं बल्कि कविता की अग्रगामिता से है। यतीश इसमें एक और कड़ी जोड़ते हैं और अलग सिरे से जोड़ते हैं। मैंने पहले जिस सख़्ती और तनिक शुष्कता का ज़िक्र किया है, यतीश कुमार की कविताएँ उससे ज़रा हटकर हैं यानी उनकी कविताओं में एक रोमान भी है, जबकि आज की कविता से रोमान को लगभग बेदख़ल कर दिया गया है। हक़ीक़त यह है कि रोमान के बग़ैर कविता पैदा ही नहीं होती, कम-से-कम कविता का आरम्भिक चरण तो कदापि नहीं।

ये कविताएँ यतीश की कविता का आरम्भिक चरण ही हैं और फ़िलहाल हमें इन्हें इसी रूप में ही देखना भी चाहिए। यतीश के रोमान में गलदश्रुता नहीं है बल्कि यह उनकी कविता का स्ट्रेस है, ताक़त है। उसमें संवेदना की उभयता है। बहुज्ञता यानी जीवन के तमाम ज्ञानमूलक अनुषंग कवि और कविता के लिए जरूरी बताए जाते हैं लेकिन कविता इन सबकी पर्याय नहीं है। इस तरह इतिहास, भूगोल, अन्तरिक्ष, राजनीति, समाजशास्त्र जैसी जानकारियाँ कवि की ज्ञानात्मक अर्हताएँ तो हैं लेकिन कविता इन सबका खमीर है क्योंकि यह विषयव्यापी नहीं बल्कि जीवनव्यापी है। यतीश के यहाँ यह प्रत्यय इस रूप में आता है कि जीवनयापन के लिए गणित, भौतिक, रसायन, अंग्रेज़ी आदि सीखी जाती है लेकिन जीवन की खोज कविता में सम्भव

है। यह कविता जीवन में बचे हुए या बचाने का यत्न किए जा रहे सच की खुरचन है। कविता में समाज, राजनीति, गणित, भौतिकी, भाषा आदि का सन्धान करना आलोचना हो सकती है लेकिन कविता ज्ञान के इन तमाम अनुशासनों में सन्निहित होती है जिनकी बिना पर यह ज़िन्दगी चलती है। फिर भी कविता, कविता है, कोई प्रतिगद्य नहीं।

यतीश इसे ठीक से समझते हैं और जानते हैं कि सतह पर दिखने वाली ज़िन्दगी असली ज़िन्दगी नहीं। असली ज़िन्दगी की तलाश में उनके कवि की नज़र शहर के पुलों के नीचे बसर करने वाले लोगों तक जाती है जहाँ ख़ुद को सँभालती अधनंगी माताएँ भूखे बच्चों के लिए ईंट के चूल्हों में दूसरे हाथ से आग झोंकती हैं। इन सबसे बेख़बर और आत्मलीन सतह की ज़िन्दगी ऊपर-ऊपर निकल जाती है, जबकि कोई कवि ऐसी ही मुश्किल ज़िन्दगी से पुरावशेष के सन्धान में तर-ब-तर होता आया है।

कवि की इन कविताओं में बहुधा किसी चित्रकार का डार्करूम नज़र आता है जहाँ चित्रकार अपने निगेटिव्स को अपने हाथों से धोकर दुनिया के उजाले में उन्हें सामने लाता है। इसीलिए उनके यहाँ बिम्बों या रंगों की भाषा में स्याह पक्ष सबसे ज़्यादा चमकता है। इसमें कवि के निजी जीवन स्रोत भी उभरकर सामने आते हैं और उन लोगों के भी जिनसे वह अपरोक्ष लेकिन जीवन्त रूप से जुड़ा है। कविता के सम्भ्रान्त पाठकों को यह भाषा कुछ अटपटी लग सकती है लेकिन अपनी भाषा ही किसी युवा कवि की अपनी पहचान भी निर्धारित करती है। दूसरे, यतीश सम्भ्रान्त जीवन के कवि हैं भी नहीं। उनकी कविताओं में अपने महानगर कोलकाता के जनजीवन की सतत और आत्मीय उपस्थिति है तो ग्राम्य जीवन की स्मृतियाँ और भाषा भी बिसरती नहीं। इन स्थानीयताओं को कवि लगातार अपनी कविताओं में जीता और जागता है। इसलिए अँधेरे कोनों में अक्सर बुझी हुई तीलियाँ और धुएँ के छल्ले वलयित होते नज़र आते हैं। यतीश की कविताएँ अधूरी नहीं बल्कि अधजली हैं। वहाँ शब्द सुलगते हैं, चेतना सुलगती है, भाषा सुलगती है, भावनाएँ सुलगती हैं या बहुत कुछ जला-बुझा है। इसी में से साबुत और सुकून की तलाश जारी है।

कविता में, हाथ में पिसान पोतकर भंडारी बनने की गुंजाइश बहुत ज़्यादा होती है, लेकिन यह यतीश कुमार की मौलिकता है कि कविता गूँथने का पिसान और पानी और पात्र, सब आनेत्र होते हैं, जो कवि की सकर्मकता के दृश्यमान बिम्ब हैं। इन बिम्बमालाओं में

एक ऐसी असंगति भी बार-बार उभरती है जो यतीश की कलेक्टिविटी से फिसल-फिसल जाती है। कई बार एक कविता में अनेक दृश्य सोपान-दर-सोपान पाठक को पुश करते जाते हैं और वह शिखर पर पहुँचते-पहुँचते किसी गहरे गर्त में पड़ा मिलता है। कविता की दुनिया में इसे कला के कौतुक की तरह देखा जाता है। ऐसे कौतुक यतीश की कविता प्रक्रिया में अक्सर देखने को मिलते हैं।

यतीश के भाव संसार में जितनी निजता है, वैसी ही संकुलता भी। कौटुम्बिक कारकों के साथ सामाजिक कारक भी उतनी ही शिद्दत से मौजूद हैं। पिता और माँ कई शृंखलाओं में अनेक छवियों समेत उपस्थित हैं तो बच्चों के साथ वह 'परी' आती है, जिसका भविष्य लगातार हिंसक और क्रूर होती जा रही दुनिया के बीच सँवरना है एवं जिसका सामना करना है। इन सम्बन्धों के बीच वह रागात्मकता जमकर बैठी है जहाँ नींद में अँगुलियों के बीच क़मीज़ की पकड़ है। प्रेम की यह सतत उपस्थिति धरती और समुद्र के झूठ-मूठ के रूठने और मान-मनौवल से खिलखिलाती रहती है। प्रेम की ऐसी ही सांकेतिक अठखेलियाँ जगह-जगह मौजूद मिलेंगी। इन सबका कारक है—जीवन बसन्त और बसन्त के प्रतीक हैं, पुष्प। फूलों पर केन्द्रित कविताओं की शृंखला अपने रचाव की सघनता में बेजोड़ है। बहुत कम भाषा में अपरिमित कथन यहाँ लक्ष्य किए जा सकते हैं। शृंखलाओं में लिखी गई ऐसी अनेक कविताएँ यतीश की कविता की कई परतें दर्शाने के लिए पर्याप्त हैं।

यतीश की कविता का कुनबा काफ़ी बड़ा है, जिसमें आवाँ जितने पात्र भरे पड़े हैं। इनका वैविध्य उनकी संवेदना की परिधि को कहीं व्यापक बनाता है तो कहीं भरमाता है। इस विचलन को हुनर में बदल देने की सम्भावना और भरपूर क्षमता उनके कवित्व में मौजूद है, जिसका प्रमाण हैं इस संकलन की कविताएँ। यतीश के प्रेमी और पाठक उन्हें निरन्तर लिखने के लिए कुरेदते रहेंगे। इस संग्रह से निर्मित कोलाज और सघन, और संवेदी और दुरुस्त होकर आगे उन्हें उदाहरण की तरह पेश करेंगे।

—अष्टभुजा शुक्ल

किऊल : मेरी कविताओं की धौंकनी

मेरे बचपन के शहर को दो हिस्सों में बाँटती किऊल नदी, अक्सर स्मृतियों में नमी पैदा कर जाती है। वह स्मृतियों के समागम के कछार पर मेरे भीतर उतरी अपनी अलौकिकता के साथ बहती रहती है। उसके तीर पर बचपन से ही सुनाई पड़ती बुद्ध की पदचाप का महत्त्व तब ठीक से समझ में आया जब मैं जीवन में दोबारा उसकी तलाश में निकला। उसकी तलाश मेरी अपनी ख़ुद की तलाश भी थी। बचपन की स्मृतियों में हरहराती नदी को बाहर ढूँढ़ते-ढूँढ़ते कब उसे अपने भीतर भी ढूँढ़ने लगा, यह पता ही नहीं चला। लगा, बचपन की वह नदी मेरे जैसी ही थी। उसके अचानक उमड़ जाने का डर चेतना की कुलबुली की तरह उभरता। सच कहूँ तो, दरअसल वह थोड़ी नहीं, पूरी बावली थी। नदी मेरे ज़ेहन में धुँधली-सी बहुतेरी शक्लों में अब भी बहती रहती है।

मानव के अनियंत्रित लोभ से शहर फैलता चला जाता है और नदी सिकुड़ती-मिटती, लुप्त होती जाती है। उसका सिकुड़ना मेरी आँखों की पुतलियों का छोटा होना है। इस सफ़र में ऐसा लगता है, अकेली है नदो और बहुत अकेला मैं।

बचपन में आबादी से भागकर जब भी उसके पास जाता, वह अपनी बाँहें फैलाए मिलती। बचपन की वह नदी अब सूखी रेत में बदलती जा रही है। दूर तक रेत ही रेत मन में किसी बियाबान मरुभूमि में खड़े होने के एहसास से भर देती है। मेरे बचपन का शहर जैसे-जैसे विकास कर रहा है, रेत नदी पर क़ाबिज़ होती जा रही है। वह बहुत ख़ामोश हो गई है। पतली-सी दो धार और बीच में बालुओं का दोआब, मानो जैसे आँखों से नीर बह रहा हो और फिर भी वह मुस्करा रही हो। यह दृश्य देखते-सोचते हुए बुद्ध मेरी निगाह में झाँक कर हँस रहे होते हैं। ऐसे में मेरी साँस अटक जाती और मैं बालू के भीतर साँस ढूँढ़ता, साँस पानी का शक्ल ले लेती। पानी

कछारती सैकड़ों छोटी-छोटी हथेलियाँ हाथ भर के कुएँ बनातीं। हाथ भर पानी सोता बन फूटता और मैं फिर प्रसन्न नाचने-खेलने लगता!

बचपन में हम नदी संग खेलते थे और बड़े होकर हमने नदी को ही खिलौना समझ लिया। जब-जहाँ चाहा, उसे रोकने और मोड़ने की कोशिश करने लगे। इसलिए कई बार वह हमसे भी खेलने लग जाती है। कभी सूख जाती है, कभी बौरा जाती है। हमारे मानवीय लोभ ने उसे सूखने को बाध्य ज़्यादा किया है और बौराने का अवसर कम ही दिया है। कई नदियों की तरह ही वह हमारी स्मृतियों से भी सूख रही है, सिमट रही है। अब कई बार वह बड़ी हो कर समुन्दर की तरह लगने लगती तो कभी छोटी-सी नहर जैसी। आज अभी चारों तरफ़ से सूखी है नदी, जबकि असमय सैलाब का हैबतनाक मंज़र ज़मीन पर बसे शहर को दहलाता रहता है।

मेरी लेखनी में प्रवाह जब भी थोड़ा-सा धूमिल होता है, मैं चुपके-से चला जाता हूँ उसी अपनी बचपन की किऊल नदी के पास। कई बार वह मेरी कविता में अनजाने बिना दस्तक दिए चली आती है दबे पाँव। मेरी धौंकनी बनती है और फिर उसकी साँसें अन्तस में बही चली जाती हैं।

लोग उसे पागल नदी कहते हैं
जबकि सचाई यह है
कि नदी पागलों से त्रस्त है।

—यतीश कुमार

खंड : एक

देशराग और आसपास

किन्नर

साथ नहीं खा सकता भात
पर चावल के दाने
तुम पर ही फेंकता हूँ

नौ महीने के अविरल प्रेम का
मैं भी पैग़ाम था
ओलनाल कटने तक
मैं भी इंसान था

अब मैं इंसानों की श्रेणी से इतर
इंसानों को ही आशीषें बाँटता त्रिशंकु हूँ

सर्पमुखों के बीच सोता
अश्वमुखों का वंशज मंगलमुखी हूँ

ब्रह्मा की छाया से निकल
नीलकंठ के विष में घुल गया हूँ मैं

सुख मेरी दहलीज़ में
दाख़िल न हो सका
पर मैं तुम्हारे हर सुख में शामिल रहा

मौत मुक्ति है
और
मातम से है मुझे परहेज़

न तो कोई गाँव
न तो कोई शहर
मेरा समूह ही मेरा देश

किन्नौर से संसद का सफ़र
त्रेतायुग से कलयुग का था

समानता का हक़ मिलने पर भी
अवहेलना की नसें जुड़ी रह गईं

और अब भी मैं
समाज की बजाई हुई ताली में
एक चीख़ मात्र हूँ

मसला

रात हमेशा से
दो तारीख़ों का मसला है
जो दिन के उजाले में कभी नहीं होते

अक्सर यह भी सोचता हूँ
कि सारे मसलात
कमबख़्त रातों के साथ ही क्यों होते हैं!

एक बातूनी लड़की
अचानक गुपचुप बैठ जाए
तो मसला दिन में भी पैदा हो जाता है

आग कब की बुझ गई
राख देर तक सुलगती रही

मसला दरअसल एक चुनाव है
तिल-तिल जलने
और एकबारगी जल जाने के बीच

जबकि मन है
कि निरन्तर जलता जा रहा है
पूरी तरह से बुझ जाने के सच को
ख़ारिज करता हुआ

झुंड

धुंध के तहदार उजाले में
बाँझ शब्द
ज़्यादा उछल रहे हैं

साथ में उछल रहे हैं
घोड़ों को देख कर मेढक भी

नहीं जानते कि
अगर वे भी नाल ठुकवाएँगे
तो ज़िन्दा कहाँ रह पाएँगे

सड़क हो या घर
दरअसल वातावरण ढालता है
कुत्तों में भी व्यवहार

आदम का चरैवति संस्कार
अब प्रश्नचिह्न के घेरे में है
झुंड कर रहा है निर्धारित
उनका व्यवहार

झुंड नहीं जानता
कि मौत भी
किसी के मुस्कुराने के
लम्हे हो सकते हैं

विडम्बना-1

विद्रोह का सफ़र तय करना है
और विरोध की क़लम लिये बैठा हूँ

इन सब के बीच
भाषा का प्रवाह समन्दर-सा है।

बहुत बोलता हुआ आदमी
चुप्पी के क्षणों में
ख़ामोश रहकर
बड़ा हो जाता है

बिल्कुल सीधे दीखते हैं राजपथ
उस पर चलने वालों की चाल टेढ़ी
वहाँ तक पहुँचने वाली पगडंडियाँ
पथरीली और रपटीली

इस कठिन समय में
सबसे मुश्किल है
चुपचाप ज़िन्दा रहना
और दबाव में सृजन करना

मुर्दे सीधा सोते हैं
आदमी नींद में भी टेढ़ा रहता है
ग़फ़लत है
चीज़ें सीधी बेहतर हैं या टेढ़ी

विडम्बना-2

गुस्से की उमेठन
पीठ पर उग आई
थोड़ा उकड़ूँ हो गया हूँ

अबाबील निगाहों में
पागल-सी इच्छा
और परेशानियों में अटा मैं

अपने और अजनबी के बीच
पहाड़ों पर पसरा अँधेरा हूँ

जिज्ञासा और मनोकामना के बीच
टहलता कवि हूँ
कुछ कहानियों में शान्ति
और कुछ में शोर है

अनिश्चय और भय के बीच की
सहजता से परेशान हूँ

नाराज़गी ने मेरे चेहरे पर
इतनी कहानियाँ लिखी हैं
कि मेरी अपनी कहानी
भीड़ में स्वयं को ढूँढ़ रही है

इन दृश्यों के बीच
चट्टानों की आड़ में
अँधेरा परछाईं से मिल रहा है

मेरे ओसारे की धूप का क़ातिल
मेरी अपनी छाया है
जिसके साये में
निश्चय और अनिश्चय,
दोनों ही दुबक रहे हैं

अब तय यह करना है
किसका हाथ पहले पकड़ें?

विडम्बना-3

प्यासे हैं कुएँ
अब उनमें किसी का
प्रतिबिम्ब नहीं उभरता
वे भी आत्महत्या कर रहे हैं!

लोहे में तब्दील हो रही है साइकिल
पर यह यात्रा
घर वापसी की नहीं है!

घर के अन्दर भी
'लोहा' अपनी जगह खोता जा रहा है
अयस्क का निर्यात अनवरत जारी है!

प्लास्टिक महावर को बदल देगा
मालूम पड़ता है
सूरत और सीरत, दोनों बदले जा सकते हैं!

आलता को भी बदल देंगे
जैसे बदला जा रहा है
मेहँदी को रसायन से

परन्तु ख़ुशबू?
ख़ुशबू तो मौलिक है।

मौलिकता उस काग़ज़ की तरह है
जिस पर निब चला-चला कर
क़लम की परख की जाती है।

कट्टम काटी अब सिर्फ़ खेल नहीं है
इसने कविताओं पर भी
क़लम चलानी शुरू कर दी है

इन सभी दृश्यों के बीच
वर्षों पहले मर चुके
गजराज का सिक्कड़
आज भी
उसी पाये से बँधा है!

अंकुश आज भी जंग रहित है
और महावत की पीढ़ियाँ
प्रतीक्षा की आँखों से
ताकती रहती हैं निर्वात

पुआल

बूँदों को
आवाज़ उधार लेने की आदत है
जिससे टकराती हैं
उसी की आवाज़ बन जाती हैं

बादल का फाहा
अक्सर सूरज पर अटका मिलता है
फिसलते ही
किसी की आँख में बारिश होती है

दूर तक फैले बादलों को
लकड़ी के इशारे से उड़ाता हूँ
झील, समंदर, गिलहरी, बंदर
सब भीतर उछल रहे हैं

समय डुगडुगी बजा रहा है
और इन्द्रियाँ नाच रही हैं

इन दृश्यों के बीच
खोजता फिरता हूँ
मकई के भुये-सा मुलायम समय
और हाथ में सिर्फ़ पुआल रह जाता है

गाँव : जहाँ वापसी नहीं

चेहरा दमका उसका
दरकी ज़मीन दिखी
फ़ौलादी सपने टूटे
और लोहा भी पिघला

भूख और आग के बीच
देह की नमी नदारद
दावानल के केन्द्र में
दिखी भाषा दिशाहीन

इस उदास वसन्त में
किसान का चेहरा
पाला लगे मटर-सा दिखा

चबाई और निगली जा चुकी चीज़ों में
शब्द भी शामिल हैं
नामोनिशान दाँत से निकल कर
आँत में जा छुपे हैं

दाँत बड़े और आँतें छोटी
इस रिवायत की बेशतर आबादी
ज़मीन को निगल जाने की बात
ज़्यादा कर रहे हैं

सड़क तक पसरे बाज़ार पर
छाया सन्नाटा
निरापद बढ़ रहा है

वात्सल्य का कवच खंडित
और अर्थ के तीर हैं कुन्द
लहलहाना था जहाँ अनाज को
वहाँ कुशब्द लहलहा रहे हैं

उन शब्दों के बीच
चित गिरा आदमी
आकाश ताकता है

और इतना चाहता है
कि कोई कैसे भी
बस अपनी बाँहों में छान ले

रंग-वार्ता

रात की सिहरन का
अपना एक रंग है
और सुबह की अँगड़ाई का अपना

रंग चेहरा बदल लेता है
जैसे रंग एक है
पश्चिम की दुल्हन
और पूरब की शवयात्रा का

उजास की चौदह चादरें ओढ़ता है चाँद
चौदह तहों से गुज़र कर
गुम होकर
फिर से जन्मती है चाँदनी

कछार, रेत, मिट्टी, पानी, सूरज, चाँद
सब आपस में मिल कर
नए-नए रंगों से
रचते हैं देह अपनी

अभिसार प्रेम-रंग का उपादान हो
यह हरगिज़ ज़रूरी नहीं
श्वेत और श्याम के बीच
अक्सर इसका रंग लाल हो जाता है

पान और ख़ून का रंग भी सुर्ख़ लाल है
लेकिन जब ख़ून नहीं चख पाते
तो उससे खेलने लगते हैं

धर्म-जाति और सत्ता-महत्ता
सबसे आसानी से उपलब्ध
अलग-अलग रंग के चश्मे हैं
और रंग धब्बे में तब्दील हो रहे हैं

दरअसल रंग
बाज़ दफ़ा एक वहम भी है
मसलन इन्द्रधनुष के रंग
फ़क़त आसमान की आँख मिचौली हैं

रंगों की इस दुनिया का एक ही शाश्वत सच है
कि इसका रंगरेज़ एक है
और वो हमेशा से यही कहता रहा

'रंगों के इस खेल से ज़्यादा ज़रूरी है
कि कोई बदरंग न रह जाए'

[पुनश्च : यह एक बेज़ुबान-बेरंग फ़िल्म का सम्प्रेषित दृश्य है।]

शिनाख़्त

टायरों और जूतों के नीचे
पिसती गाँव की सड़कें
शक्ल की शिनाख़्त करने में लगी हैं

सड़कों का संघर्ष जारी है
संघर्ष की कोई हद नहीं होती

गाँव और शहर के बीच
सड़कों पर बौखलाए-भटकते चेहरों में
कई दास्तानें छिपी हैं

शहरों के नलके गाँव में आकर
रह-रह कर खाँसते रहते हैं

बाबा कराहते हुए बताते
जिन गाँवों से होकर सड़क गुज़रती है
वे उजड़ जाते हैं

दो-चार बूँदें हथेली पर भी
टपक आई थीं उस दिन
जिस दिन बाबा के हलक से
टपके थे लाल क़तरे

यह सब
शहर से मैं
चुपचाप देख रहा था

आज वसन्त है

फूल-1

घास और नमक शाश्वत हैं
पर सबसे प्रिय है फूल

प्रेम लबालब है
और लोग रोज़ तोड़ते हैं

फूल-2

सुबह शादी रात श्राद्ध में
मेरी तरह वे भी जाते हैं

मेरे लिए ऐसा करना
दो कमरों में जाने जैसा है

फूल-3

इबादत का बाज़ार गरम है
फूल अब प्रचार चिह्न है

एक फूल पोस्टरों पर बेवजह खिलता है
फूल से मेरा प्रेम भग्न हो रहा है

फूल-4

फूलों की भीड़ में
काँटे भी सहजता से मिल रहे हैं
और फूल के नाम से
आस्तीन के चाकू का काम कर रहे हैं

फूल-5

नज़र ऊपर और हाथ जिनके नीचे हैं
उन्हें और किसी चीज़ से नहीं
फूलों की माला पहना कर
विचारों से मारा जा सकता है

भूल

दानवों ने बजायी दुन्दुभि
तारे नदारद और चाँद गुम
चारों ओर शैतानी आवाज़ें
मेरे अवतरित होने का सारा प्रपंच

धड़कन एक, देह एक
पर जब काटा
तो ओलनाल ही नहीं
धड़कन को भी अलग कर दिया

पैर खुलने से पहले ही कट गए
पंख उगने से पहले ही झर गए

दो के बाद मेरा आना
छाया का परछाईं बन जाना
लड़के की चाह में, प्रेम की डाह में
समय से पहले आने की आहट में
न जाने और कितने बहाने...

होटल के बिस्तर से फिसलती हुई
पतली-सी स्ट्रिप पर पॉज़िटिव बनकर उतर आई
और अब एक कचरे के डब्बे में
ठहर-ठहर कर साँस ले रही हूँ

अन्तिम साँस में भी आलोड़ित है
प्रश्नों में बिंधी बद्दुआओं का लच्छा
जो गले को और कसता जा रहा है

रूह में टाँके लगे हैं
ज़ख़्म के सीवन हरे हैं
मौत पर जलसा सही
छूने को कोई तरसा नहीं

अस्पताल की सारी नालियाँ
जिस अन्धे कुएँ में मिल रही हैं
वहाँ हमारा पूरा कुनबा रहता है
बस एक ही सवाल को रिवाइंड करता रहता

आख़िर क्यों?
माँ, माँ नहीं थी
पिता, पिता नहीं थे

सबसे आसान नुस्ख़ा उन सब ने अपनाया
और हमें सबसे सुविधाजनक नाम दिया 'भूल'

पूर्ण विराम

बुद्ध की घुँघराले लटों जैसा
अँधेरे को केन्द्र में दबोचे
झाँकता सूरज पीछे से दिखता है

और चाँदना की लालिमा
आतुर है मुस्कान लिये
खिलखिलाने, फैल जाने को

पहाड़ की ओट से आभा धीरे-धीरे
फैल रही है धान के बिचड़ों पर

भीतर कोलाहल है दृश्य का
कंचे की तरह उछलते-कूदते बुलबुले
निरन्तर ध्वस्त हो रहे हैं

परिदृश्य की ख़ामोशी को तोड़ता हुआ
दृश्य बोल रहा है
बिचड़े रौंदे जा रहे हैं
पानी के अन्दर ही अन्दर
धँसता जा रहा है
कीचड़ के भीतर-बाहर
परत-दर-परत
मिट्टी सूखी-सूखी

पानी, पत्थर और शब्द—सब ग़ायब
सैकड़ों लहरें हैं
और बुद्ध बस मुस्कुराता है

यंत्रणा का विलाप

अतृप्ति का सोता लिये
दर-ब-दर भटकते लोग
सुख की तलाश में
अपने-अपने दुखों को नत्थी कर रहे हैं
ख़ून और पसीना एक साथ बह रहे हैं

हवा का रवैया
इतना पुरवैया है कि
सोखना-सुखाना भी मुश्किल...

इन दृश्यों के बीच
उस हर शख़्स के पास कविता है
जिसके पास है छेनी-हथौड़ा
पत्थरों पर निरन्तर गढ़े जा रहे हैं शब्द

पसीना अब अलोना हो चुका है
और महावर ज़्यादा सुर्ख़

निर्माण और ध्वंस लहरों की आवृत्ति-सा
धार के साथ एकसार है

समय ने उनको घिस कर
वह सिक्का बना दिया है
जो अब चलन से बाहर हो चुका है

यंत्रणा का विलाप
घरों से निकल
एक-दूसरे के गले मिल रहे हैं

इन सबके बीच
अपने एकान्तवास से निकल
दर्द अब एक सामूहिक वक्तव्य है

फ़्यूज़ बल्ब

ज़िन्दगी के सीलन भरे अँधेरे में
कितना कुछ उजला छूटता जा रहा है

कविताएँ
जो अब तक पढ़ी नहीं गईं
शेल्फ़ के धूल से बतियाती कहानियाँ
जो यूँ ही पड़ी रह गईं

अर्थों ने जिनसे
अपनी ज़बान में अब तक बातें नहीं कीं

सवाल जिन्हें तलाशने थे
अपने जवाब
अजन्मे ही रह गए

धूलकण बिम्बों के मर्तबान में
अजीबोग़रीब शक्ल लिये फिरते रह गए

किरणों के खेल
ओस के मोती
दोपहर की धूप
ढलती गोधूलि
चुपचाप बतियाते सितारे

मौन को देखने का हुनर
मौन को तोड़ने के इशारे

सब अचानक गुम
और बस घुप्प अँधेरा

कवि दुःस्वप्न देखता है
कि कुछ क्षण के लिए ही सही
पूरी दुनिया की आँखें अंधी हो जाएँ
ताकि घुप्प अँधेरे के ख़ौफ़ से
जगमगाती रहे यह दुनिया

दृश्य में शोर

पंक्तियाँ जो
बड़ी प्यारी लगती थीं
अचम्भित करती थीं
अब बोझिल लगती हैं

लगातार दोहराने से
शब्द नाराज़ और नागवार हैं

दृश्य का बार-बार आना
सचाई को उतनी ही बार
घिसता हुआ-सा प्रतीत होता है
मानो ग्रेड-बी पेंसिल से लिखी कविता पर
लगातार रबर चलाया गया हो

रेशे पन्नों से बाहर निकल
हथेली में सरसराने लगते हैं

साफ़ शीशे पर भी
खरोंचें दिखने लगती हैं

दृश्य फिर धूमिल हो जाता है

लोकतंत्र का चौथा खम्भा
पसर रहा चारों ख़ाने चित

समाचार अदृश्य है
दृश्य में बस शोरगुल है

शहर के पुल

जगहों को जोड़ते पुल
देते हैं शहरी जीवन को गति
ढोते हैं इसका भार

ठीक उनके नीचे
बिखरी ज़िन्दगानी समेटे
बसी है दूसरी दुनिया

इधर-उधर से झाँकते हैं
डरे-डरे कुछ लोग
धूसर ढूह की ओट में
लेटे हैं कुछ थके शरीर

फटे आँचल से झाँकता है
सूखे स्तन में मुँह मारता बच्चा

खुद को सँभालती अधढकी माँ
दूसरे हाथ से झोंकती है
बचा हुआ ताप चूल्हे में

वक़्त की खरोंचों को थोड़ी देर सहलाती है
फिर पसीने के साथ पोंछ देती है

वक़्त भी वहीं कहीं पसर जाता है
ज़िन्दगी रुक-सी जाती है

पुल के उपर मोटर कारें
अपनी-अपनी गति से भागती जा रही हैं

बाज़ार के इन्हीं खोखले खोल में बसती है
जमी हुई खुरचन ज़िन्दगी की

इन दिनों

माँ की दी हुई
मलहम की डिबिया
वक़्त और शब्दों के रूखेपन को
मुलायम करते-करते
ख़ाली हो गयी

ज़ख़्म की सूखी खुरदरी परतों से अब
सिर्फ़ खुरचन निकलती है दर्द की

इन दिनों बचपन के
भूले नुस्ख़े याद करता हूँ
और ज़रूरत पड़ने पर
लगाता हूँ थूक, मिट्टी और पेशाब भी

कभी दर्द को
गमछे से बाँध लेते थे
तौलिए में कमबख़्त बँधता ही नहीं है
फुर्तीला चिकना दर्द

दोस्तों के काँधे पर
सर टिकाकर
भीगे लफ़्ज़ पोंछ देते थे

सूती काँधे थे वे
सिल्क में तो अश्क़ भी फिसल जाते हैं

चौराहे पर लोगों का शोर नहीं
ज़िरह हुआ करती थी
हम थे और गप्पियाँ थीं

अब गाड़ियों की चीख़ें और
अन्दर का कोलाहल है

गाँव शहर की ओर दौड़ रहा है
चाय की गुमटियाँ
और चौराहे हो रहे हैं गुम

संवादहीन मनुष्य

सारे सबब आलमारी में तहदार पड़े हैं
फिर भी बेचैनी है
कि ढूँढ़े जा रही है

बुझी हुई मोमबत्ती में
आलोक का आभास अब भी बाक़ी है

अलौकिक चेहरे का प्रतिबिम्ब
टूटे आईने में देखते-देखते
वह आदमी
सिमटा हुआ इन्द्रधनुष बन गया

होंठ की सामान्य सिकुड़न में
छुपी हुई है तिक्त बद्दुआएँ
जिसकी कानाफूसी में
कानों के आकार बड़े होते दिख रहे हैं

दोपहर के अकेलेपन को खँगालते-खँगालते
शाम की तनहाई से मिल आया
अब रात के मिलन की आस बाक़ी है
ज़िन्दा रहने के बस यही बहाने हैं

पुरानी एलबम से बातें करता हूँ
चेहरे तरतीब से मुस्कुरा उठते हैं
और उस भीड़ में भी मैं
इन्तज़ार की पीपें भरे जा रहा हूँ

दरख़्त की छाँव में
बैठे हैं कई कवि
जो सबसे ऊँची फुनगी देखने की बात लिख रहे हैं

और कहीं घुप्प अँधेरे में
संवाद की जगह
बीड़ी जलाई उसने

संवादहीन मनुष्य
सबसे ज़्यादा चुप्पी ओढ़े बैठा है

अनिसुर रहमान

[भारत-बांग्लादेश की सीमा पर पशु-तस्करी रोकने के उपक्रम में छर्रों से बुरी तरह ज़ख़्मी बी.एस.एफ. का जवान]

इस अँधेरे में भी तुम कैसे
बिजूका-से बन जाते हो,
जबकि हमसे कहा जाता है
कि यह प्रजाति विलुप्त हो गई है!

ये भी कहते हैं
तुम हम में से नहीं हो
पर तुम हर बार साबित कर जाते हो
कि तुम्हारे बदन की मिट्‌टी
मेरी मिट्‌टी-सी ही सोंधी है

अखंडता के केन्द्र में
जहाँ गुरुत्वाकर्षण सबसे ज़्यादा है
ठीक वहीं पर ठुकी एक कील हो तुम
जिसे उखाड़ने की कोशिश में बहुरूपिये
रथ यात्रा में शामिल हो रहे हैं

अनिसुर, तुम्हें कितनी बार
इस कलयुग में ईसा बनना पड़ेगा
कि लोग पत्थर मारेंगे
और तुम उन्हें माफ़ करते रहोगे

बम तुम्हारी ओर जब लपका
तो तुमने गेरुआ, सफ़ेद या हरा

क्या पहना था?
सवाल में रंग इतना घुल गया है
कि मेरी नज़र धुँधला गई है

पर इस धुँधलके में भी देख रहा हूँ
तुम्हारी छाती में धँसा
एक-एक छर्रा
वह रास्ता बना रहा है
जहाँ से हज़ारों अनिसुर
बनने की राह तैयार हो रही है

बनगाँव से कोलकाता तक
रक्त तुम्हारे शरीर से बिखरकर
बंगाल की मिट्टी में
अपना बीज बो रहा है

जहाँ पशुओं की तस्करी के बहाने
धर्म और इंसानियत को बेचा जा रहा है

फिर भी तुम बन गए वो गौरक्षक
जिसने लोगों को नहीं
लोगों ने जिसको मारा

अनिसुर, एक जीवन्त विचार हो
तुम कभी मर नहीं सकते!

मुज़फ़्फ़रपुर...और डॉ. कफ़ील

मौत इन दिनों
रोज़नामचे में दर्ज है

तादाद फ़क़त एक हिसाबी ब्योरा है
विज्ञान पर इसका असर बे-असर दिख रहा है

संख्या लील जाने का
आदमख़ोर प्रचलन और हावी है

अँधेरे में घिरा आदमी
सिर्फ़ अँधेरा ही देखता है
यह मतिभ्रम
उजाले की भी हक़ीक़त है

चेहरे पर सफ़ेद मुलम्मा
अपनी परतें बढ़ाता जा रहा है
सामाजिक होने का दम्भ
एकान्त के दर्पण में दरकने लगा है।

यह कौन सा रोग है
जिसके लिए की गई विदेश यात्राओं में
निदान का कहीं ज़िक्र ही नहीं है

मर्ज़ गर लाइलाज है
तो ख़ाली पेट सोने वालों को ही
मरना पड़ेगा
यह तो नहीं लिखा किसी ने

संवेदना की हार का यह भी सन-'योग' है
जो राँची से मुज़फ़्फ़रपुर की दूरी को
और दूर
बहुत दूर कर देता है

प्रतिपक्ष का चेहरा ज़र्द है
और प्रतिबिम्ब काफ़ी दूर
इनके बीच खोया विपक्ष
शोर में और शोर मिला रहा है

निर्वात-सा बन गया है
दोनों के दरम्यान
जहाँ पुरज़ोर का प्रतिरोध
बस शून्य में टहल रहा है

और हम असमान्य को
सामान्य बनाने की कोशिश में हैं!

अख़बार में किसी कफ़ील का नाम नहीं
जिसने उखड़ती जड़ों को
मिट्टी में फिर से दबाया है

वह चुपचाप अपनी सीरत को
शक्लों में तब्दील कर रहा है

विश्वास का अन्त होने से पहले
हर बार किसी कफ़ील ने मुझे सँभाला है

और आज भी
बस्ती के बच्चे अँधेरे से निकलकर
थोड़ी देर के लिए ही सही
उधार की रौशनी में उछल रहे हैं

भूख

अशेष गन्ध की तलाश में
घूमती रहती है धरती
या इसी चक्र में घूमते हैं
इस पर रहने वाले लोग

मृगतृष्णा है ये गन्ध
या इंसानों में भी है कोई कस्तूरी

विचित्र अग्नि है
रूह झुलसती नहीं
बस, सुलगती रहती है

भूख करवट यूँ बदलती है
मानो जलती लकड़ी
आँच ठीक करने के लिए
सरकाई जा रही हो

उसी आँच पर रोटी पकेगी
सोच कर नींद नहीं आती
आँच आती है, बढ़ती है
बस कमबख़्त रोटी नहीं आती

आँखें बुझ जाती हैं
नींद डबडबाती है
देह सो जाती है
पर भूख अपलक जागती है

एक लम्बी रूदाली है
जिसकी सिसकियाँ नहीं थमतीं
एकसुरा ताल है जिस पर
ताउम्र नाचता है जीवन

एक ठूँठ पेड़ है
जिसकी पत्तियाँ नहीं होतीं
तने का हरापन ज़िन्दा है
लहू, जो हरे में बह रहा है
वो अजर-अमर भूख है

देह के बाहर
देश की भूख अलग होती है
और देश के अन्दर
सियासत की अलग भूख

अनन्त सीमाओं की भूख लिये
दूर अन्तरिक्ष से दिखते हैं देश
ऊन के उलझे धागों जैसे
कोई एक भी सीधी रेखा नहीं दिखती

दरअसल भूख इन दिनों ऑक्टोपसी हो गई है

भाषा की सचबयानी

मज़दूर की साँस वह धौंकनी है
जो लोहा गला कर घूम उड़ा दे

झंझा-रहित घूम
कौतूहल तो पैदा करती है
पर मुझे प्रिय है
बवंडर में दीये की बत्ती को उकसाते रहना

अकाल मेघ सच में
काली घटा जैसे ही हैं
बस, इनकी उम्र
बहुत छोटी होती है

सच भी कभी-कभी
झूठ बोल लेता है
पर ध्येय तो दो जून की आग है
सच-झूठ से परे

तोतली भाषा में
कहा गया सच
राजा के लिए अबूझ भाषा है

प्रजा और राजा देश की दो आँखें हैं
आँखें बस एक-दूसरे को नहीं देख पातीं
मूर्खता इन दोनों का सामूहिक गठजोड़ है

दुनिया में कितने सिर
खेल-खेल में
चुपचाप गिरा दिये गए

शह और मात एक गुपचुप खेल है
शह राजा और मात प्रजा

भाषा की सचबयानी यह है
कि झूठों ने उसे
बेज़ुबान पेड़ बना दिया है
सीढ़ी, कुर्सी और मेज़ बनने के लिए

ये दिल्ली है मेरी जान

बिहार में बाढ़ आती है
बाढ़ दिल्ली में नहीं आती

फ़्लाईओवर के पैरों को पखारता
बस जल जमाव दिखता है

जंगली जलेबी के पेड़ों ने
इस क़दर घेर रखा है
कि सीधी राह का कोई अन्देशा नहीं रहता

भागती-दौड़ती नज़रों के भीतर
उदास-उजाड़ आँखों में
सपने फलते-फूलते नहीं दिखते

सिर्फ़ कल तक का फ़ासला
तय करने को रेंगती-सरकती
ज़िन्दगी दिखती है

शौर्य-गीत के साथ यहाँ
रीथ चढ़ाने की रस्म है
और उसके पहले हम सब
या तो सिर्फ़ शोर हैं या मौन

बदमिज़ाज मौसम में
बस बादल गरज रहे हैं

हवाएँ उड़ा ले जाना चाहती हैं
हमें दिल्ली से दूर
जबकि पाँव है कि
अधपकी चपाती से चिपका हुआ है
और नज़र है कि
कोयला और राख के बीच
सुलग रही है!

चेहरे और नज़र को
सीधा रखने की
पुरज़ोर कोशिश में

मुझे क़ुतुबमीनार
सचमुच टेढ़ी दिख रही है।

आज

वक़्त ने अपनी शक्ल छुपा दी
और घड़ी ने अपने हाथ
बर्फ़ पिघलने और नदी जमने लगी है
पगडंडियाँ हो रही हैं विलुप्त
और रास्ते लगे हैं फैलने

केंचुओं ने छोड़ दिया है
मिट्टी का साथ
और मिट्टी ने किसानों का

बारिश ने ही चुरा लिया है
मिट्टी का सोंधापन
बादल बरसने नहीं, फटने लगे हैं

गुलाब के काँटे
अब चुभते नहीं
आघात करते हैं

कमल सूरज को देख नहीं खिलता
छुइमुई ने भी शर्माना छोड़ दिया है
और दीमक अब लोहे को भी चाट जाता है

नेवला बिल में घुस गया है
साँप अब बिल में नहीं रहता
शहर में घुस आया है

सियार भी अब आसमान ताके
आवाज़ नहीं लगाता
मुँह झुकाए रिरियाता है।

और इंसान ने
इन सबकी शक्ल चुरा ली है

संक्रमित समय

खराश-से दिन हैं
और रातें नश्तर-सी

मधुमक्खियों की तरह
भिनभिनाता हुआ दुख
शहद के सुख को
विस्मृत कर दे रहा है

दिन के उजाले ने ओस कणों का
भक्षण शुरू कर दिया है
मरकज़ केन्द्र से
विकेन्द्रित हो रहा है

सबसे बुरे वक़्त में
भेजना चाह रहा हूँ शुभकामनाएँ
और घबराया हूँ इतना
कि भय से भरे सन्देश भेज दे रहा हूँ

समय, पशु-समय से प्रतिस्पर्धा में है
लुब्बे-लुबाब यह है कि
पसीना भी हाँफ कर
आँखों में नमक झोंक रहा है

अदृश्य शत्रु का ख़ौफ़ इतना है
कि फ़िलवक़्त लोग
तोप की बात भूल गए हैं

दुख की लकीर
बीतते समय के साथ
और लम्बी होती जा रही है

कानों में सांसत क़दम का शोर
जानवरों-सी चीख़
गगनभेदी हाँक
लगातार भनभना रही है

हर तरफ़ शोर है
और शहर के शहर चुप हैं
दिन के दिवंगत होने पर
शान्ति की प्रार्थना करते हुए
लगता है
कि अश्रुग्रंथि का सीधा जुड़ाव
समुन्दर से है
न दुख खत्म हो रहा है न आँसू

दबाव और सृजन

पहाड़ बनते देखा है
या नदी बनते देखी है
जंगल उगते देखा है
या सितारे को नक्षत्र में जुड़ते देखा है

दुखों के पहाड़ भी
अनदेखे खड़े हो जाते हैं
भावना की नदी भी
बिन बताए अनचाहे बहती जाती है

तने का फैलाव
और लदे फल का झुकाव
तो सब देखते हैं
पर मिट्टी के दबाव में
बीज का अंकुरण
और जड़ का सन्तुलन
कोई नहीं देखता

पहाड़ को उजड़ते
नदी को सूखते-भटकते
उल्का पिंडों को गिरते और भस्म होते सबने देखा है

सच तो यह है कि
सारी जीवन्त उत्पत्ति
दबाव में आकर उभरती है

चाहे कोख में शिशु हो
या ज़मीन के नीचे पड़े बीज का अंकुरण

सृजन दबाव का विस्तार है
पर दबाव को कोई
महसूस करना नहीं चाहता

इतना ही सीखता हूँ

इतना ही सीखता हूँ गणित
कि दो और दो को
बस चार ही गिन सकूँ

इतनी ही सीखता हूँ भौतिकी
कि रोटी की ज़रूरत के साथ
हृदय की प्रेम तरंगें
और कम्पन भी माप सकूँ

इतना ही सीखता हूँ भूगोल
कि ज़िन्दगी की
इस भूलभूलैया में
शाम ढलने तलक
घर की दिशा याद रख सकूँ

इतनी ही सीखता हूँ अंग्रेज़ी
कि देशी अंग्रेज़ों के बीच
स्वाभिमान के साथ
अपनी हिन्दी भी बचा सकूँ

इतना ही पढ़ता हूँ तुझे ज़िन्दगी
कि दीवार पर उभरी
चूल्हे की कालिख में
परतों की उम्र भी पढ़ सकूँ

उकेरता हूँ ख़ुद को उतना ही
जितना सच बचा है
मेरे अन्तस में

हिंसा

हिंसा पूर्णतः अनुमोदित हो
या पूर्णतया वर्जित
दोनों स्थिति में
आगे का मार्ग नहीं दीखता।

संहार और सृजन
प्रकृति के भाटा और ज्वार हैं
इनको भी मेरी तरह
आवर्त पसन्द है

निष्क्रियता और कायरता
सबसे घृणित हिंसा हैं!
इनके बीच अहिंसा की खोज जारी है

सफल और उपयोगी अहिंसा
आक्रामक होती है

बहिष्कार बरतना बनाता है
अहिंसा को स्वरक्षात्मक

रो लेना
ख़ुद से विश्वासघात करने से बचना
और हँस लेना
ख़ुद को प्यार करना है

प्यार करते-करते यात्रा
हत्या के सफ़र पर
कब चल देती है
पता ही नहीं चलता

रास्ता

सपने को दूसरे सपने की
देह कुतरते देखा
बदलनी थी हथेली की रेखाएँ
पर उसे माथे पर उगते देखा

चमकने की कोशिश में
बस इतना हुआ
कि सहर बीत गई

अब इस इन्तज़ार में हूँ

कब खेत का सीधा रास्ता
दुकान तक पहुँचेगा

उम्मीद की साँसें

उम्मीद की डोर बन
पहाड़ों को जोड़ता है
लकड़ी का चरमराता पुल

स्कूल जाते हुए
डर-डर कर भरे डेग
बड़ी सफ़ाई से छोड़ रहे हैं
डरे हुए क़दम की चाप

विस्मित आँखों से देखता हूँ
गुल्म में खिल रहे हैं पीले फूल
तभी नज़र में उभरता है
ख़ुद का प्रतिबिम्ब

ग़ौर से देखता हूँ
कीड़े लगी हुई डाल पर
अब भी मुस्कुरा रहा है
खिलता हुआ फूल
और इल्लियों के ख़ौफ़ के बिना
फैल रहा है नन्हा किसलय

अक्स के दाग़

कलाइयाँ पकड़े बिना
नींद नहीं आती थी
अनवरत पकड़
अपनी छाप छोड़ती रही
कलाइयों पर

पता नही चला
छाप देखते-देखते कब दाग़ बन गई

देह, बाज़ार और रौशनी-1

घर के कोने में धूप
कुछ धुँधली-सी पड़ रही है

रंगीन लिबास में
मुस्कुराहट
नक़ाब ओढ़े घूम रही है

उस गली में पहुँचते ही
वसन्त पीले से गुलाबी हो जाता है
इन्द्रधनुषी सतरंगी किरणें
उदास एकरंगी हो जाती हैं

वहाँ से गुज़रती हवा
थोड़ी-सी नमदार
थोड़ी-सी शुष्क
नमक से लदी भारीपन के साथ
हर जगह पसर जाती है
हवा में सिर्फ़ देह का पसीना तैरता है

दर्द और उबासी में घुलती हँसी
ख़ूब ज़ोर से ठहाके मारती है

सब रूप बदल कर
मिलते हैं वहाँ

सिर्फ़ मिट्टी जानती है
बदन पिघलने का सोंधापन
और बर्दाश्त कर लेती है
पसीने की दुर्गन्ध

मिट्टियों के ढूह पर
बालू से घर बनाता है
एक आठ साल का बच्चा
और ठीक उसी समय
एक बारह साल की लड़की
कुछ अश्लील पन्नों को फाड़ती है
और लिखती है आज़ादी के गीत
पन्द्रह अगस्त को बीते
अभी कुछ दिन ही हुए हैं

देह, बाज़ार और रौशनी-2

वक़्त से पहले
अँधेरा दस्तक देता है
शाम होते-होते सभी ख़ुद को
पेट के अँधेरे में गर्त कर लेते हैं

रंगीन कमरों से निकलती रौशनी
आँगन में धुँधली
और दरवाज़े पर अंधी हो जाती है

बच्चे जन्म तो लेते हैं
किस माँ के शुष्क स्तन ने
रोते बच्चे को चुप कराया
तय नहीं है

माँ मुट्ठियों में वक़्त को धकेलती
भोर के पहले पहर मिलती है
उस वक़्त दिखते हैं अजनबी चेहरे
देहरी से बाहर भागते-फिरते

दोपहर तक खिलखिलाहट में
नमकीन मुस्कुराहट पनाह पाती है
और शाम होते ही
सर्प की तरह फिर से फन फैलाती है

हर शाम ज़िन्दगी
अपनी परिभाषा भूल जाती है

सिसकियों में घुली खिलखिलाहट
रात भर बेसुरा गीत गाती है

तभी रात क़ब्र में दफ़न
आठ साल का लड़का
कुछ बासी फूलों में साँस फूँकता है
और ग्यारह साल की लड़की के हाथों में सौंप देता है
क़ब्र के स्याह अँधेरे में
एक जोड़ी आँख चमक उठती है।

देह, बाज़ार और रौशनी-3

असमय फूल अक्सर यहाँ खिल जाते हैं
फूल खिलना यहाँ एक दर्दनाक हादसा है
अगर खिल गए
तो मसल भी दिए जाते हैं
खिलती मुस्कुराहट पर
सुर्ख़ छींटें पड़ जाती हैं

बदलते दृश्यों में
अजीब-सी बौखलाहट तैरती है
भावनाएँ यांत्रिक बन
मुखौटे-सी लगाती हैं

पेट से पूरे बदन पर
चढ़ती आग की भी एक उम्र होती है

उम्र की साँझ पर तपिश
पेट से ही चिपकी रह जाती है
बदन पर नहीं उतरती
तब इन्तज़ार मौत से भी बदतर लगता है

अकेला खड़ा तुलसी चौरा
कभी आँखें बन्द नहीं करता
आँगन में मुस्कुराता चहबच्चा
सारे आँसुओं को जज़्ब कर लेता है

कभी नहीं सूखता
बस दाग़ धोता रहता है

इन्हीं दृश्यों के बीच
आठ साला बच्चा
ढूह की मिट्टी मस्तक पर लगाता हैं
और ग्यारह साल की लड़की
उसकी उँगली सख़्ती से पकड़ लेती है।

देह, बाज़ार और रौशनी-4

धुँध नीम अँधेरे में
झीमती आँखों के बीच
कुछ तारे टिमटिमा रहे हैं
बालू के ढेर पर
लोहा पिघलाने की तैयारी चल रही है

आठ साल के बच्चे ने अब
पत्थरों को तराशना सीख लिया है
उन्हीं मूर्तियों में ग्यारह साल की लड़की
अब रंग भर रही है

वे गोबर में जन्मे कुकुरमुत्ते हैं
बिलकुल शफ़्फ़ाफ़
चिंगारी की आग बनने की यात्रा है

सोच में जमी हुई बर्फ़
अब पिघलने लगी है
चित्त की शीतल परतों पर हलचल है
भँवर में पतवार मिल चुकी है
चिंगारी विस्फोट के लिए तैयार है

पंक से निकले अरुण कमल ने
पूरे पोखर को एक उपवन बना दिया
फूल खिलना अब दर्द नहीं रहा

परन्तु अनगिनत वनपोखर हैं
जिन्हें अरुण कमल का इन्तज़ार है

ओसारा

घर का ओसारा
पहले सड़क के चौराहे तक
टहल आता था

पूरे मोहल्ले की ठिठोली
उसकी जमा पूँजी थी

ओसारे से गर कोई आवाज़ आती
तो चार कन्धे हर वक़्त तैयार मिलते

शाम हो या कि रात
वहाँ पूरा मेला समा जाता था

हर उम्र का पड़ाव था वह
कंचे की चहचहाहट से चिड़िया उड़ तक
ज़ीरो काटा,पोशम्पा के गीत
या ज़मीन पर स्तूप का गणित

पिट्ठू फोड़ हो या विष-अमृत की होड़
या फिर ताश और शतरंज में लगाए कहकहे
सब-के-सब वहाँ अचिन्तन विश्राम करते

पर आज वहाँ
हर वक़्त दोपहर का साया है
चौराहे तक पसरा हुआ ओसारा
चढ़ते सूरज में सिमट आया है

ढलती शाम की पेशानी
वहाँ अब टहल नहीं पाती
और न ही उगते सूरज की ताबानी के लिए
कोई जगह शेष है
ओसारा अब स्मृति में भी अवशेष है

फ़क़त एक लुक़मे की क़वायद

स्याह परतों के उस पार
बाँहें फैलाने को आतुर
बाँह जितनी क़वायद लिये
नन्ही कोंपलों का झुंड

क़वायद है
अंडों से चूज़े निकलने जैसी
पर इन कोंपलों की हक़ीक़त
उन चूज़ों से भिन्न है

इनका कोई दरख़्त नहीं
ये सेते हुए अंडे नहीं हैं
नरम पंखों की ऊष्मा से वंचित
धूसर रोज़ की लड़ाई में लथपथ
ये इंसान हैं
इनको इल्म भी नहीं है अपनी अस्मिता का

दीखते हैं
बाहर से गाड़ियों को
भीग कर झाँकते हुए

बस फ़र्क़ इतना है
कि वो बाहर से
और हम अन्दर से भीग रहे होते हैं

वे विलीन हो जाते हैं
पाषाण आँखों में धुँधला उजास लिये!

वही पुराना सच

खिड़की की धूप सीधे टेबल तक आती है
जिसकी बौछारों में
किताब की अख़बारी जिल्द
मटमैली हो रही है

उस पर अभी भी जो मुद्दा छपा दबा है
ग़ौर करने से दिख सकता है
समय के परे
जो बस बहे जा रहा है

आँखें वृत्त से चौकोर हो गईं
शब्दों की भीड़ से निकल
एक भीड़
सब कुछ लूटती निकल गई

तभी जिल्द से उछलकर
समाज पर कसी एक फ़ब्ती
मेरे हाथ आ गयी

यह वही पुरानी ख़बर है
कि कल फिर कोई बस में
अकेले सफ़र पर थी

निर्गुण लोक में ज़्यादातर लोग
उपवास में रहते हैं
या नहीं तो अज्ञातवास में

शाश्वत यही है
कि जो संख्या में सबसे कम हैं
वही सबसे ताक़तवर हैं

बस, अपना जवाब चाहिए

तुम लड़ते दिखते हो
पर तुम मरते तो कभी नहीं
पूरी भीड़ में तुम्हारी गर्दन
सारस-सी लम्बी है

कभी तुम्हें ज़मीन पर संघर्ष करते
केंचुए-सा रेंगते नहीं पाया
और न ही केंचुए-सा
ज़मीन को उर्वर बनाते देखा

हाँ, तुम साँप की तरह दिखते हो
छिप कर अपनी झूठी काया बदलते हो
और कभी अजगर बन जाते हो
तुम्हारे निगले जीव तुम्हारे दाब में
तुम्हारे भीतर कराह कर साँस ले रहे हैं
तुम्हें इल्म तक नहीं है उन ज़िन्दा रूहों का

अच्छा बताओ तो
हमेशा सड़क पे सोते लोग ही क्यों मरते हैं?
हमेशा मज़लूमों की बस्ती-गाँव क्यों जलते हैं?
कश्मीर में सिर्फ़ भोली जनता दिखती है बौराई
तुम पर आज तक खरोंच भी नहीं आई?

मैंने उस टोपी वाले के कहने पर
कश्ती बनाई थी

कश्ती को बड़े जतन से
मँझधार में उतारा था

मैं जब डूब रहा था
तुमको व्यापार चाहिए था
मैंने हाथ बढ़ाया था
पर तुम्हें आसमान चाहिए था

अब मैंने सोच लिया है
मुझे भी मेरे हिस्से का साम्राज्य चाहिए
मैं समझता हूँ मेरी कश्ती को भी अब ठहराव चाहिए
मेरे अन्दर उठे हर एक सैलाब का हिसाब चाहिए

मुझे जो प्रश्न समझ आ चुके
उनका जवाब चाहिए
मुझे इंक़लाब नहीं
बस, अपना जवाब चाहिए

प्रक्रियाएँ

ख़ून में मेरे नमक-भात है
और सत्तू में मिला अपरिष्कृत पानी
फल और मावे का सत
किसी साक्ष्य में मौजूद नहीं

खोज यहाँ एक प्रक्रिया है

परछाईं को बींधती है
एक बूँद रौशनी की
फिर रौशनाई-सी पसर जाती है

काछना यहाँ एक निरन्तर प्रक्रिया है

बुलबुलों का गुब्बारा बनाना चाहता हूँ
पता नहीं
बुलबुले फोड़े कब बन जाते हैं
गुब्बारा ग़ुबार कब बन जाता है

नहीं समझ सका कि
फूलना और फूटना भी सतत प्रक्रिया है

जितनी ऊँचाई से रास्ते को देखता हूँ
गलियाँ उतनी ही तंग और तारीक़ नज़र आती हैं
रास्ते साफ़-साफ़ देखना हो
तो नीचे उतरना होगा

इसी असमंजस में हूँ
कि क्या देखना भी एक विसंगत प्रक्रिया है?

भीतर एक कटोरा है
पानी में हलचल है
अन्तस डोल रहा है
यहाँ थिराना भी एक प्रक्रिया है

एक दिन लौटेंगे सब
एक ही प्रक्रिया में
जहाँ नमक-भात, थिराना
फूलना-फूटना-काछना
सब आपस में गड्ड-मड्ड हो रहे होंगे

चहारदीवारी : एक दृश्य

साफ़-साफ़
व्यंग्य उकेरा गया है
चल भी अचल है दृश्य में

सहम-सहमकर
धक-धक की आवाज़ आती है
चहारदीवारी की दीवारों से

माहौल एक संग्रहालय जैसा है
सब अपनी ही जगह पर दिखते हैं
अपनी मुक़म्मल जगह घेरे

घड़ी के दोनों हाथ उलझे हुए हैं
समय वक़्त से थोड़ा धीमा खिसक रहा है

उन्हीं दीवारों से लिपटकर
सिर को टिकाए हौले मुस्कुराती
रूप बदल-बदल कर
रू-ब-रू हो रही है ज़िन्दगी

दुनिया की सारी हरियाली
क़रीने से पसर गई है
उम्मीद घरों से निकल
किनारों में घुल-मिल गई है

वहाँ दो जून की उम्मीद भी
मुट्ठी में भींचती सिसकियाँ
उधार लेकर लौट जाती है

उसी दीवार से टँगे
धुँधले आईने में
दूसरों की हज़ामत
और अपनी ज़िन्दगी को
थोड़ा और साफ़ करते हुए
वह सोचता है

एक कुर्सी के सहारे
कितने चाँद उतारे और कितने ख़्वाब सजाए

चूल्हे की बुझी सफ़ेद राख में
आँख मिंचियाती
और अगले दिन फिर
चहारदीवारी की ही दीवार पर
गोइठे की तरह पसर जाती है ज़िन्दगी

प्रेम भी

किसी ने आने का फ़ाटक बन्द किया है
किसी के भाग जाने के डर से
रोज़ वहाँ इन्तज़ार की चिन्दी फड़फड़ाती है

मोहब्बत को बेहद की ओर चलने की आदत है
पर जब वो अथाह की ओर मुड़ जाए
तो लत बनकर पसर जाती है

ज़िन्दगी से जब मोहब्बत होती है
तो दुनिया हाथ में गेंद की तरह उछलती रहती है

पनीली आँखें अपनी हद पहचानती हैं
पनीला प्रेम नहीं
वो बस गेंद लिये बेहद की ओर दौड़ता है

उसे बिना फ्रेम का चश्मा पसन्द है
शीशा बदलना आसान है

उसकी आँखें समन्दर-सी गहरी हैं
और सारा मसला इस समन्दर का ही है
जो ज़्यादा दिन तक चीज़ें पास नहीं रखता
वापस कर देता है प्रेम भी

सोर में शोर

बर्फ़ के गोले वाले ठेले
सड़कों से उतर
गलियों में छुप गए हैं

रंग-बिरंगी बोतलों से
इन दिनों रंग चोरी हो चला है
और यूँ बर्फ़ वाले सारे रंग
बाज़ार की रौनक़ बन उतर आए हैं

शहर का अन्तिम बच गया तालाब
चाँद जहाँ अपना अक्स देखने रोज़ आता है
एक छोटा-सा चौकोर आईना है आसमान का
झाँको तो इमारतों की बुलन्दियाँ भी चाँद संग थरथराती हैं

वहीं पास वाले मैदान में
बच्चे और गेंद, दोनों गुम हो गए हैं
मैदान में खड़ा अकेला पेड़
वातावरण से सिर्फ़ शोर चुगता है

लम्हों को कातते-कातते
वजूद अपनी ही जड़ें खोदने लगा है
शोर भोर पहर जड़ों से निकल दिन भर भटकता है
और तीसरे पहर दरख़्तों की सोर में सो जाता है

कुल्हाड़ी की आवाज़ शोर में दफ़्न है
अकेला सूखता दरख़्त
सोर में छुपे शोर के साथ और ज़्यादा अकेला है
अब उसे चिड़ियों के लौटने का इन्तज़ार है

चीख़ती रूहें

'बस'
शहर की सबसे डरावनी चीज़ है
जिसके आगे
किसी का कोई बस नहीं

पंजों-सी झपट है
चींटियों की कतार-सी चल पाए
यह हुनर नहीं

चीते-सी रफ़्तार
मदमस्त पागल हाथी-सी
डग भरने लगती है

अल्हड़ यौवन-सी मदमस्त
उसे होश कहाँ रहता है
पूरे शहर को नापती
बस, दौड़ती फिरती रहती है

हर चौराहे पर
एक चीख़ शिनाख़्त है इसके नाम
सड़क पर बिछी कोलतार पर
खरोंची और खींची हुई हैं सुर्ख़ लकीरें

चीख़ टायर से निकली हो या हलक़ से
क्या फ़र्क़ पड़ता है!
निशान लाश के हैं या टायर के

क्या फ़र्क़ पड़ता है
लोग अकेले निकलते हैं घरों से
फिर भीड़ में गुम हो जाते हैं
पर चीख़ अकेले निकलती है
और अकेली रह जाती है

इन्तज़ार में हूँ
एक दिन भीड़ के चीख़ने के
क्योंकि जब भीड़ चीख़ती है
तो अनहद-नाद में बदल जाती है

अधजली कविता

एक ही कोना है
पूरे घर में
जहाँ ख़ामोशी
अँधेरे से लिपटी
पड़ी रहती है

साथ टहल कर
कोने में
अपनी देह लुढ़का देता हूँ

कोई रौशनदान नहीं
कोई सूराख़ भी नहीं
हरेक कश पर चमकती
सिर्फ़ जलती सिगरेट की चिंगारी

बेफ़िक्री के गोल छल्ले
धूसर बादल की तरह
रात भर मँडराते, कहीं नहीं जाते
दीवारों पर दर्द के स्याह पन्ने गढ़ते
नीम बेहोशी को पीते-पीते
पूरी तरह बादलों से जब ढक जाते
तब रह जाती कमरे के कोने में
सिर्फ़ दो चीज़ें
बुझी हुई तीलियाँ
और अधजली कविता

भूतनाथ घाट

[कलकत्ता के भूतनाथ घाट को याद करते हुए]

भागीरथी हुगली का एक घाट
शमशान और शिव निवास
साथ-साथ

शव मोक्ष धाम घाट जा रहा है
दुल्हन भूतनाथ मन्दिर से आ रही है

स्याही की तरह फैलता है एक कवि
बार-बार पसरता-बिखरता
दवात की तरह टूटता उसका संचय

मानो उसकी सारी रचनाएँ
सिमट गई हैं उस अकेले शव में
जिसे सजाया गया है
एक दुल्हन की तरह

सारी कविताएँ कवि ने ताउम्र
समेटे रखी थीं एक गुल्लक में
वह गुल्लक अब फूट गया है

उछलते-बिखरते
ज़िन्दगी के सिक्कों को
पागलों की तरह समेटने में
वह और पागल हुआ जा रहा है

आग से फूटती चिंगारियाँ
शब्दों के लावे हैं
समेटते ही हाथों में छाले आ रहे हैं

मानो शक्ति के अभाव में शिव
'शिव' न होकर 'शव' मात्र हो

जीवन शेष लाशों की कतार है
एक धागा आगे का हट रहा है
दूसरा पीछे से जुड़ रहा है
पंक्ति ख़त्म ही नहीं हो पा रही!

माँ बैठी अन्तिम विदाई की रूदाली गा रही है
एक पगली वहीं किनारे
सब पर हँसे जा रही है
एक औघड़ बिना संगीत के
नाचे जा रहा है गाते हुए जीवन राग
कि सबको एक दिन यहीं आना है

मुखाग्नि दी जा रही है
हुगली में उत्सव मनाता जहाज़
हिचकोले ले रहा है
संगीत का भड़कीला शोर
जीवन की विडम्बना को और बढ़ा रहा है

मज़बूत आदमी भी यहाँ
सबसे कमज़ोर लग रहा है

भूतनाथ धाम में आस्था के फूल चढ़ रहे हैं
भूतनाथ घाट में किसी की रूह गा रही है

इन सबसे परे
शमशान से बिलकुल सटे
श्री गांधी हिन्दी विद्यालय में बच्चों को

पढ़ाया जा रहा है जीवन का पाठ
और बग़ल में
चिर निद्रा में लेटा है
अवधूत कवि चुपचाप...!

विक्टोरिया एंजल की नज़र से

वह गुमसुम-सी
हवाओं के इशारों पर घूमती है
रात की हवाएँ इन दिनों ज़्यादा गर्म हैं
धूल उसकी गति में अवरोधक है
अवरोध से जन्मती ऊष्मा में
धारुकपारा पिघल रहा है

घूमती चारों ओर उसकी पुतलियाँ
इन दिनों दरख़्तों के
बदलते रंग से नाख़ुश हैं
हरे में पीलापन घुल रहा है

युगल प्रेमियों की संख्या
देश की बढ़ती आबादी की गति से
आगे निकल चुकी है
एंजल की नज़रें
फैले बिछे युगलों के प्रेम में
विशुद्धता तलाश रही है

बग्घियों को खींचते घोड़े
थोड़ा और नाख़ुश दिखते हैं
उसके हिस्से का चना
अब इस शहर में नहीं उपजता

ज़्यादातर ताँगे एक-दूसरे का मुँह ताकते हैं
पहियों की धुरी में धूल जम रही है

ताँगेवाला अपने ताँगे को देखता है
जैसे ज़िन्दगी ढलते सूरज को देखती है

वहीं फव्वारे की बदलती रौशनियों को
एक अजनबी घूरता है
फूँकता है कलेजे को
उतारता है दर्द आँखों तक

उसे अब रंगों से चिढ़ है
और गाढ़े काले धुएँ में सुकून

शहर के बदलाव से बेफ़िक्र भीड़
गुम होते गंतव्य ढूँढ़ती है

अब धुआँ फ़ैक्टरी से नहीं
सिगरेट के छल्लों से होकर
पीली गाड़ियों से निकलता है

पीली गाड़ियों ने भी धीरे-धीरे
हड़ताल शुरू कर दी है
हड़ताल का शर्तिया इलाज है
चुप्पी—एक चिरन्तनता की तरफ़ बढ़ती चुप्पी
और यूँ ही इन दिनों
पीला रंग सफ़ेद हो चला है

ट्राम में सूनापन उदासी के साथ टहलता है
स्मित में फैला कसैलापन
ख़ुद के कसैलेपन से
पानी-पानी हो रहा है

ख़ाली ट्राम का ड्राइवर
अपने अन्दर के ख़ालीपन को पसरते देखता है

ट्राम के ट्रैक की मरम्मत का काम
तेज़ी से चल रहा है
और शहर की धुरी की गति धीमी पड़ती जा रही है
एंज़ल की धुरी भी जाम हो चली है

इन्हीं बदलते रंग के साथ
एंजल का रंग
थोड़ा और स्याह हो गया है

15 अगस्त

आज़ादी की वर्षगाँठ है
झंडा फहराने की जल्दबाज़ी भी

मास्क लगाए कूड़ा समेटता एक लड़का
छोटे-से मोबाइल की लम्बी घंटी से परेशान है
नज़र मोबाइल की तरफ
और हाथ पर्स की ओर बढ़ाता है

पर्स के सारे खाने तलाशता है
सारे के सारे ख़ाली हैं
ख़ाली आँखें अब डबडबा रही हैं

प्रार्थना का मुख आसमानी है
हम्द को कोई परावर्ती सतह नहीं मिल रही
आसमान ब्लैक होल है
प्रार्थनाएँ निगल रहा है

दृश्य को देखता हुआ मास्क
चेहरे तक चढ़कर
काले चश्मे में बदल रहा है
दृश्य अब श्वेत नहीं रंगीन है

रास्ते में पुल का सिरा जहाँ ढलता है
वहीं एक रंगीन घर है
दरवाजे पर छः स्त्रियाँ
होंठों पर गाढ़ी लाली चमकाए रोज़ ताकती हैं

आपस में उनकी बहुत बनती है
ऐसा दिखता तो है
मुस्कुराहट के पर्दे में
दर्द की अदला-बदली जारी है

दरवाज़े के सामने
वे आज भी बैठी हैं
स्वतंत्रता धूल-धूसरित है लालिमा में
आज स्वतंत्रता दिवस ही है न!

मरने की इन्तज़ार में एक बुढ़िया
अधर निर्वसन अंतड़ी पेट सब एक
नलके से बहती गंगा को चख रही है
सुन्दरता को वस्त्र चाहिए, सुन्दरता अजर नहीं होती

झंडोत्तोलन हो चुका है
और मास्क लगाए घर वापसी भी

बिस्तर पर लेटते ही जकड़ लेती हैं
मकान के जंगले से झाँकती
घूरती दो झुर्रीदार क़ैद आँखें
उसे स्वतंत्रता के सही मायने को अब भी समझना है!

ख़रीद-फ़रोख़्त

ख़रीदना चाहते हैं मुझे
पर पूरा 'मैं',
कभी मिला ही नहीं

जाँचना, देखना
परखना भी चाहते हैं
पर पूरा 'मैं'
कभी खिला ही नहीं

भीड़ मेरे ऊपर से गुज़र जाती है
पर भीड़ से मैं
कभी गुज़रा ही नहीं

पिघलाना चाहते हैं ज़ंजीरों को
अपनाना चाहते हैं अपने साँचे में
ज़ंजीर तो लोहे की थी पिघल गई
कमबख़्त हूँ मैं—पिघला ही नहीं

एक ओर से ही बँधा हूँ
हत्थे तक चढ़ा हूँ
खींचने आए हैं लोग बेरहम
हत्थे से ही मैं उखड़ा हूँ

चिपकाना
टूटना फिर चिपकाना

फिर खींचना
पूरा अब मैं बचा ही नहीं

ख़रीदना चाहते थे मुझको
पर मैं वैसा उनको मिला ही नहीं

शहर का नदी हो जाना

छोटी-बड़ी नदियाँ
चेहरों के साथ बहती आ रही हैं
शहर के अन्दर
हर गली-कस्बे में बस बही जा रही हैं

शहर का हर चौराहा
हो रहा है संगम में तब्दील

एक होड़-सी लगी है
हर बहती नदी में डुबकी लगाने की
और विलय होने की उस नदी में
जिसमें सबसे ज़्यादा उफान हो

यहाँ पोखर भी हैं ढेर सारे
जैसे-तैसे ख़ुद को बचाए
कुछ हैं भाप की तरह
स्थायी पता नहीं जिनका

बस काग़ज़ी तमन्नाओं की नाव खेते
ओस भर आशा मन में लिये
तलाश सिर्फ़ 'एक अंगुल ज़मीन' की

सारी नदियाँ गुम होती जा रही हैं
मन्दिर और मस्जिद में
और बढ़ रहे हैं कंक्रीट के इबादतगाह

मूर्तिकारों से भरा यह शहर
मिट्टी से गढ़ सकता है
असंख्य मूर्तियाँ
पर गढ़ नही पा रहा
ख़ुद के लिए छोटा-सा घर

इस शहर में आवेग है
ज़बान है, प्रलाप है
आज़ादी है और अभिव्यक्ति भी

फ़ुटपाथ बोलता है
दीवारें बोलती हैं
हर एक चीज़ बोलती है
नहीं बोलती हैं
तो इस शहर की आँखें

फैलाव

शहर के छोर से
हर बार गुज़रते हुए लगा
शहर दो डग भर लेता है
ज़मीन थोड़ा और खिसक लेती है

पुराने शहर की शर्ट ने
झाड़ दिया है ख़ुद को
गर्दा फैलता जा रहा है

उस ओर ज़िन्दगी
थोड़ी ज़्यादा तपती हुई दिखती है

वहाँ ईंट के इरादे
फैलती आकांक्षाओं के गारे से
चिपकाए जा रहे हैं

अब ईंट नहीं सिर्फ़ गारा दिखता है
और गारे का शहर बढ़ता जा रहा है

नज़रें तपते रेगिस्तान पर
एक-एक क़दम फूँककर रखती हैं
ढूँढ़ती हैं दोनों आँखों से
रिश्तों की ठंडी छाँव

दोनों पाँव एक साथ
जमाने के लिए

रिश्तों के छालों को भी
कुछ क्षण का ऑक्सीजन चाहिए

पुराने और नए शहर के बीच
ईंटों के रंग अलग-अलग हैं
सुकून ने अभी हाँफते हुए
वहाँ पनाह ली है
जहाँ मिलता है उससे
शर्ट के झाड़ने का शोर
और पपड़ियों से छूटते जल्दबाज़ी के पलस्तर

सड़क की चाप

सड़कें साँप जैसी दिखती हैं
लेकिन केंचुली नहीं बदलतीं
अनवरत चलती हैं
थकती तो बिलकुल भी नहीं

मंज़िल-मंज़िल के खेल में
बस राही थकते हैं

सरसों हो या चीड़
धुन बदल-बदल कर
संगीत सड़क पर साथ चलती है

सड़क ने इन दिनों
सफ़ेद मोम से ढका है ख़ुद को
आदमी दौड़ता है
दहलीज़ पर पैर रखता है
फिर पाँव वापस खींचता है

दहलीज़ के बाहर बड़ी फिसलन है
देखता है फिसलती अपनी छाया को
तन से उतरती अपनी काया को

मोमबत्ती हाथ में है
और माचिस सिल चुकी है
कोशिशों की खरोंचें उभर रही हैं
मन भीग रहा है

और तीली धीरे-धीरे नम हो गई है

क़यामत के दिन

बादल के फाहे-सा प्रेम
ओखल से टपका
बहुरूप के फंदे में फँस कर
बस, गिरता चला गया

परावर्ती से टकराने की चाहत में
नुकीली आवाज़ से टकरा गया
जहाँ आँखें बन्द करने का आदेश लिये
बस, एक लम्बी सी गूँज थी

चुनो गारा लिसे तिनके
और लो हौले बोसे
प्रेम और वाराना के मध्य
और एक दूढ़ को ढूँढ़ो

वो अनगढ़ ठहरा
चूमकर सीखने
और चूमकर भूलने के बीच
कहीं भटक रहा है

प्रतीक्षा की व्यथा
और उम्मीद की रौशनी के बीच
एक शून्य का बुलबुला
मुसलसल टहल रहा है

उसी पारदर्शी बुलबुले के भीतर
आसमान ताके
दो नज़रें क़ैद हैं

उसे नहीं पता
कि क़यामत के दिन
वो अकेला नहीं क़यामत भी रो रही है होगी

चुनाव

खिड़की वहीं है
अपनी जगह पर यथावत
दरवाज़े अब भी
चौखट से ही लगे हैं
बस, चटख़नी टूट गई है

दीवार गुमशुदा है
और मकान तड़प रहा
छत की अपनी बिसात
ज़मीन पर बिछ गई है

स्याह धुओं के ढूह में
ख़ुद को कालिख पोते
नीम-सी नींद लिये
गाँव सो चुका है

कुछ लोग जिन्हें
चलना था भीड़ के आगे
दुबक गए हैं
कहीं और सुरक्षित खोह में

माहौल पूरी तरह तप चुका है
पूरा कुनबा बीमार होता जा रहा है

तापमान तेज़ी से चढ़ रहा है
जनाब! ये चुनाव का बुख़ार है

चुम्बकीय उजास

रौशनी चुम्बकीय हो
तो ख़तरा बढ़ जाता है
और चौंधियाना उसका पारम्परिक लक्षण

देह मृत हो
तब भी उसका मोहपाश नहीं मरता
भव्यता और भयावहता
आपस में दोनों के सिरे जुड़े हैं

जल से भी जल सकता है कोई
दूधिया चादर से
रौशनी नही ढकी जा सकती है
प्रेम बोसों पर टिका रह सकता है...

बल्ब के फ़िलामेंट में
इतनी बारीक घूर्णन होती है
कि रौशन करने के लिए
उतने ही चक्कर लगाने पड़ते हैं

ज़िन्दगी की उजास बचाए रखने के लिए
थोड़ी देर के लिए ही सही
सारे बल्ब फ़्यूज़ होने ज़रूरी हैं

बेमौसम ओले अचानक गिरते हैं
बेनियाज़ी हँसी की तरह

मुस्कान को हँसी बनने के लिए
बेगाटेला के छर्रे-सा
कीलों से गुज़रना पड़ता है
तितिक्षा इतनी आसान कहाँ

दवात से स्याही ढलक जाती है
फिर वापस समूची नहीं आती

आती है तो अपनी परछाईं पसारती
थोड़ा धूल कण समेटती
निब तक पहुँचकर जिसे
लेखनी रोकने का ज़िम्मा दिया गया है

जाति

बचपन में
किसी ने जूते की नोक से
दर्द चुभो दिया था

उस टीस में
मैं अब तक
रोज़ सिंका हूँ
इतना पका हूँ
कि सोच की लचक ने
भोथर खाल पहन लिया है

आँखें बन्द करता हूँ
तो जूतों की वही खट्-खट्
कानों से धड़कन की
धक-धक को जोड़ देती है

उस खट्-खट् में आवाज़ों तले
अपनी माँ को
घंटों लड़ते देखा था

जाति से जूतों का सम्बन्ध
और जूतों की संख्या से
ऐसा प्रतीत होता है
हज़ारों घोड़े
धान के बिचड़े रौंदते जा रहे हों

कीचड़ के छींटे
पानी के छींटे
और ख़ून के भी
खाट के पीछे छिपे मेरे चेहरे तक उड़कर आ जाते

कुचलने की पुरज़ोर कोशिश के बीच
अपनी दुम और फ़न
दोनों ही बचा लिये हैं मैंने

हिस्से में मेरे
रह गया एक अमिट चोट का धब्बा
और टक-टक की आवाज़

सुविधा और आज़ादी

वे डंक नहीं मारते
फुफकारते तो बिलकुल भी नहीं
नसों में उलझे
अनगिनत नसों की तरह
बस, जाल बुनते हैं

रेंग जाते हर जगह
और चोरी कर लेते हैं
चुपके-से देश का भविष्य

कृत्रिम अदृश्य जासूसों के हाथ
ज्योतिषी और काला जादूगरी से
हाथों की रेखाओं को पढ़ते
रेखाओं को बदलते
और अन्ततः आपके हाथों ही
बिना भनक के आपका क़त्ल कर देते

धागे से सफ़र शुरू करते
फिर चुपके-से आपके पैरहन बन जाते

सूक्ष्म और महीन इतना
कि आपके रक्त में मिलावट हो रही हो
और आपको पता ही न चले

कर रहे हैं रिझाने का खेल
भावनाओं के बहाव का मेल

तौलते रहते हैं हाव-भाव
बिन बताए फिर बेच देते हैं

डेटा सिर्फ आँकड़ा नहीं
संचित भविष्य है
भविष्य को अन्तर्जाल में लपेट
पानी में डालकर
तैरने को प्रगति कह रहे हैं

और हम सुन रहे हैं गीत
मेरा देश बदल रहा है
आगे चल रहा है

मुखौटे

चौराहे पर मिल जाते हैं
मोल-भाव में
बिकते-बिखरते फ़रिश्तों के चेहरे
मासूमियत के मुखौटे
फूल संग काँटों के गुच्छे
अक्सर दिख जाते हैं

टिमटिमाती आँखों से झाँकते
एक हाथ में आबले, दूसरे में फूल लिये

बैलून की शक्ल में
परिस्थितियों के डंडे से बँधे
उड़ने की ताक में
धागों से रह जाते उलझते

स्ट्रॉबेरीज़-सी खटमिठिया मुस्कान
हवा मिठाई को लहराते-घुमाते
मानो बुढ़िया के बालों में
दर्द और यातनाओं ने
गुलाबी रंग चढ़ा दिए हों

रात-दिन के चक्के
स्टैंड पर खड़ी
साइकिल की तीलियों की तरह
घूम रहे हैं
बस, ताउम्र चौराहों को नापते

फफकती मोमबत्ती के नरम लावे भी हैं
पिघल कर ढुलके हुए
बेजान बिलकुल ठंडे
अब बिक नहीं पाते तो
गाड़ दिए जाते हैं
इंसानियत को भी मुखौटा पहनाए

रीढ़

पत्ताके नीलाम हो रहे हैं
इसका कुर्सी से चिपकना
सहज चुम्बकीय प्रक्रिया है

कुर्सियों पर बैठे-बैठे
क़ानून को कुतरते वक़्त
डकार नहीं मारी जाती

हाँ! रीढ़ की हड्डी
लचीली दुम बन फड़फड़ाती ज़रूर है

रीढ़ का दुम बनना
और फिर समय के साथ-साथ
साँप बन जाना
नज़र का अनैतिक सफ़र है

इस सफ़र की पताका
इंसानियत की खाद में
ज़्यादा मज़बूती से लहराती है

रीढ़ को पीछे सरकाए
फरफराते दुम को छिपाए
कुर्सी पर कालान्तर बैठे रहना
एक विशिष्ट कला है

जब अपनी दुम पर
ख़ुद का ही पैर पड़ जाता है
तब मुखौटे के भीतर का
कसमसाता चेहरा
पूरे नंगेपन के साथ
बाहर झाँकता है

और वह दिन
कलयुगी सूरज का आख़िरी दिन होता है

भोर पाँच बजे का यह शहर

समय के विरुद्ध खड़ा है
एक बेज़ुबां मकान
अपने कन्धे पर उठाए
एक बरगद छतनार

एक रास्ता
जो ढूँढ़ रहा है खुद को
एक मन्दिर जो उसी का रास्ता रोके खड़ा है

रूठ गए हैं
ड्राइवर और रास्ता
दोनों एक दूसरे से

फुटपाथ के ऊपर आसमान से
लटकता फ़ाइबर केबल
ज़मीन से दो फुट ऊपर झूलते
टेलीफ़ोन और टीवी केबल तार

सभी मिलकर कह रहे हैं
"फुटपाथ पर चलना
एक ख़तरनाक प्रक्रिया है"

हरी लतरों ने बनाया है जाल
घेर लिया है
रौशनी से लदे एक लैम्प पोस्ट को
यहाँ हरियाली विकास को परास्त करने वाली है

प्रतिरोध का झंडा लहराए
पावर कनेक्शन कटने के बाद भी
अकेला खड़ा है जंक्शन बॉक्स

खिड़की तक चढ़ आए हैं रास्ते
और कुछ दरवाज़े बन्द दीवार की तरफ़ खुलते हैं

एक दरवाज़ा
जहाँ से लौट गया
साथ आया तमाम शोर
वहाँ लिखा था 'क़ब्रिस्तान'

पास कूड़ेदान के
भूखा एक कुत्ता, आवारा
उनींदें देखता-सुनता
चढ़ते सूरज की आहटें

सा'ब के बच्चे को
स्कूल छोड़ने निकला एक अर्दली

छोटी चाय की गुमटी में
स्कूल बैग पर बैठा
भट्ठी सुलगाता बालक
मुस्कुराता बुद्ध मुस्कान

रात बारिश से गीला रास्ता
रौंदती भेड़ चाल
चली जा रही मंज़िल अनजान

मेरे शहर!
ओ मेरे कोलकाता शहर
तू भी दिल्ली बनने को तैयार
क्यों छोड़ रहा अपनी परिचित रफ़्तार

चाय की गुमटी पर
कुल्हड़ भर चाय के साथ बीड़ी सुलगाए
एक कवि सोचता है...
और पीता है सभ्यता से निकला विष!

एक दिन अचानक

एक दिन अचानक
किसी स्वप्न से उछलकर वह जाग गया

हाथ शंकाओं के अदृश्य रक्त से सने थे
वह अपने हाथ को पोंछता, रगड़ता, पटकता
इतनी बार
कि हथेली की रेखाएँ भी चीख़ने को होतीं

चसक चढ़ाव पर माहौल विषाक्त
किरणें अशक्त और जरासीम ताक़तवर

पथरीले चेहरों में उसने
कई दास्तानें छिपी देखीं
घर में परतंत्रता और
एकान्त में स्वतंत्रता देखी

रास्ते में उससे मिलने
चेहरे बहुत-से आए
पर उसके पीछे का
कोई आदम नहीं आया

उसने पाया
पेट भरा हो या ख़ाली
कषाय तो दोनों में है

पर उसने जाना
कि अधपेटवा खाना ही
सबको जोड़े रखता है

मैं सड़क हूँ

वो चल रहे हैं
संख्याओं के समीकरण तोड़ते हुए
और मैं चुपचाप उनकी धड़कनें सुन रहा हूँ

धड़कनों में इन दिनों
धौंकनियों का स्वर एकालाप है
अलाप अब महाप्रलाप है

वो चल रहे हैं
तो धरती चाँद को लिये
एक तरफ झुकती जा रही है

असंख्य पदचापों में
कुछ ध्वनियाँ तांडव-सी धमकती हैं
पर यहीं जन्मते शिशुओं की चाप
इन सबमें भारी है

उससे भी ज़्यादा भारी है
उन माताओं की छातियाँ
जो दूध की नदियाँ लिये
दौड़ती-भागती जा रही हैं

अन्नपूर्णा ढलान पर फिसल रही हैं
और सड़कों पर पूजा जारी है

सड़कें अवरोह से आरोह की तरफ़ मुखर हैं
पसीने का काढ़ा
तिल्ली में जमा पित्त है
गाढ़ा रक्त पसीने-सा तरल है

करुणा प्यासी है
नीर नदी बहा रही है
बहाव ख़ुद असमंजस में है

कथरी में दबा भविष्य
अपनी मुट्ठी भींचता है
आँखों से चिंगारियाँ नहीं
ललकारती चुनौतियाँ हैं

इन्हें देख
सूरज और जल रहा है
झंझा और बौखला रही है
वर्षा रह-रह कर तड़प उठती है
बिजली बस कौंधे जा रही है

पृथ्वी को पट्टियों-सा बाँधे देखता हूँ
अजन्मे बच्चे ने चलकर
अभी-अभी नापी है पूरी धरती

धूमिल से मिलकर

आस्था की स्थापित सी मूर्तियों को
खेल-खेल में कितनी सरलता से
तोड़ता है शिशु
और उतनी ही तरलता से फैल जाता हूँ मैं

टुकड़ों में विसर्जित हूँ
सम्बन्धों के बीच
ढीले सितार की ढलती सी धुन में
बाँसुरी के सातवें छिद्र में

बेसाख़्ता चीख़ता है
अँधेरा भी
उजाला भी

फूलदान और पीकदान का फ़र्क़
मिट रहा है

पंचर हो चुका टायर
ज़िन्दगी की साइकल कसते हुए
किसी भी समय
आँख के सामने पीठ करके
ख़ंजर उतार सकता है

हड़ताल और हथियार
हमशक्ल बन रहे हैं

उपराम ज़िन्दगी में
तिरस्कार लेने या देने की जगह तक शेष नहीं

चुनौती

रह गया हूँ वहीं उसी के पास
जैसे शीशे की खिड़की पर
हाथ की छाप रह जाती है

घोड़े की नाल-सा रोज़ घिस रहा हूँ
बस मुझे
बदला नहीं जा सकता

चिथड़े-सा नीलाम हो रहा हूँ
बस, मेरी रोपनी नहीं हो सकती

प्रश्नों की तोप हर बार
मेरी ओर दाग़ी गई
और वो हर दफ़ा कन्धे से उड़ गई
इस बार भी मैं निरुत्तर विक्रमादित्य-सा रह गया

बिना पानी में डाले
वह मुझे घुन की तरह गेहूँ में ढूँढ़ती रही
और मैं उसकी सोई हुई स्मृतियों की लटों में
जूँ की तरह टहलता रहा

गौरैया-सा धीरज लिये
अब बौराना चाहता हूँ

निशिदिन टाँकना है
चुन-चुन कर एक-एक तिनका

और देनी है चुनौती तूफ़ान को
आशियाना बनाते हुए

खंड : दो

साझा-धागा

जब तुम दो टुकुर देखती हो

मन के अँखुआ में
कोंपल उग आता है

कविता से पंक्ति
हमारी ओर खिसक आती है

जुम्बिश-सी उठती है
मन की गिरह
थोड़ी और खुल जाती है

भँवर के क़ैद से
एक मछली
आज़ाद हो जाती है

मौसम जम्हाई लेता है
इन्द्रियाँ उनींदी होती हैं

सातों सुर एक साथ
शरमा कर आपस में लिपट जाते हैं

आलम से भरी घड़ी
मुस्कुरा उठती है

हौंस थोड़ी हूक
और बढ़ाती है

आँगन चैत के महुए से पट जाता है
आसमाँ कार्तिक के सितारों-सा जगमगाता है

दरअसल, जब तुम टुकुर-टुकुर देखती हो
तो लगता है
तुम मुझे देख नहीं
भींच रही हो

इन्तज़ार-1

समय की धार पर खड़ा
बेआवाज़ वक़्त
गालों पर नमक का अक्स लिये
गुज़रे लम्हों का अवशेष है

प्रतीक्षा कुम्हला जाती है
और फड़फड़ाती चिन्दियाँ
रौशनदान से बाहर झाँकती रहती हैं

मद्धम रौशनी में
इन्तज़ार इतना बोझिल है
कि झुके आधे कटे चाँद को
पलकों से बाँधे रखता है

मुझे बाईं करवट सोना पसन्द है
और उसे दाईं
हमारे बीच बहती है
गुम हो चुकी नदी रात भर

नींद के हाशिए पर
चहलक़दमी करते-करते
रात तो गुज़र जाती है
बस, हमारी सुबह नहीं आती

और स्वप्न का छिलका
एक उतरन बन
उँगलियों में फँसा रह जाता है

इन्तज़ार-2

चीनी कभी कम है
और कभी ज़्यादा
सन्तुलन मयस्सर हो
तो मुकम्मल हासिल

अलगनी पर चलती चींटी भी
बवंडर में सन्तुलन थामे चलती है
पर हमें यह हासिल कहाँ

हमारे आगे तो बरा
मुँह बाये चुप्पी के खोखल हैं

जिन्हें सीप में पैठना है
वो ख़ामोश बैठे हैं
सीप ख़ाली है
और मोती गुम

इन्तज़ार में हैं सब

उदास बारिश
उनींदा-सा शोर
आख़िरी रौशनी में डूबती शाम
और चाँद को निहारते हम

इन्तज़ार-3

खोखले अजगर की तरह
एक तहख़ाना
भीतर कुंडली मारे बैठा है

हर्फ़ों का पुलिन्दा
वहीं नज़रबन्द है

मन बलाओं का घर बन बैठा है
गर एक को रफ़ा करता हूँ
तो दूसरी चली आती है

खोई हुई रातों की तलाश में
दिन भर भटकता हूँ
जबकि सुबह का इन्तज़ार
रात को और लम्बी कर देता है

'नींद' भी तो लफ़्फ़ाज़ी है मेरे लिए
मेरे साथ ही करवट बदलती है

इन्तज़ार ग़र इतना सहल होता
तो इसकी ऐंठन से मुक्ति मिल जाती
और मैं अधजली मशाल
अंधी सुरंग होने से बच जाता

स्त्री

नन्ही परी का सिर सहलाता हूँ
वह मेरी हथेली
अपनी उँगलियों में लपेट लेती है

मुझे लगता,
ईश्वर ने मेरा हाथ थामा है

नि:शंक सोते देखता हूँ जब पत्नी को
तो पृथ्वी नीमनींद सी शान्त लगती है
जबकि पलकों में उसकी
घर की सारी बलाएँ क़ैद रहती हैं

इस समय
ईश्वर नींद से गुज़र रहा होता है

जब माँ को सोते हुए देखता हूँ
तो लगता है
ईश्वर नींद में भी
सबके लिए उतना ही चिन्तित है

जीवन में समस्त ऊर्जा स्रोत
जिन-जिन स्त्रियों से मिलता रहा
उनकी जागती-सोती आँखों से
मैंने प्रार्थनाओं से भरा स्वर्ग देखा है

ईश्वर मिथक नहीं सच है
और आपके इर्द-गिर्द हाथ थामे
यक़ीन दिलाता है कि
ईश्वर कोई पुरुष नहीं होता

बनना चाहता हूँ

बनना चाहता हूँ
तुम्हारा चश्मा
बिना जिसके
दुनिया तुम्हें धुँधली दिखती है

हेयर क्लिप बनूँगा
सर्पीली लटें तुम्हारी
आँखों में नहीं चुभेंगी

बन जाऊँगा तुम्हारा दुपट्टा
जब चाहे सर ढक लो
या जब चाहे आसमान

बन जाऊँगा मिज़राब
रहूँगा उँगलियों में वैसे ही
न होने के एहसास-सा
संगीत बिखेरते हुए

समय की असमय लहरों के बीच
तुम्हारी मुस्कान वह अकाट्य शकुन है
जिसकी बस एक नज़र
सारे बेइरादे बुहार देती है

सबसे प्यारी हँसी

जब तुम हँसती हो
तो तुम्हारी ठुड्डी
हौले-से छू लेता हूँ
हथेली में हरसिंगार भर आता है

जब तुम हँसती हो
तो तुम्हारे घुँघराले बालों से
हज़ारों जुगनुओं के झुंड उड़ते हैं
ज़िन्दगी रौशनी से भर जाती है

जब तुम हँसती हो
तो मकई की बालियों से
मोती झाँकने लगते हैं

जब तुम हँसती हो
तो लगता है कि
सैकड़ों दाने कंसार में भूँजा बन
साथ-साथ फूट रहे हों

जब तुम हँसती हो
फुनगियाँ भी हवा के संग
डोलना भूल जाती हैं
पृथ्वी अपनी धुरी पर
घूमना भूल जाती है
चाँद चहलक़दमी नहीं करता
टकटकी लगा कर ताकता है

जब तुम हँसती हो तो
हजारों कंचे एक साथ
धरती का माथा चूमते हैं

और जब तुम हँसती हो तो
पिता का सीना समन्दर हो जाता है
बनती हुई तस्वीर
मुकम्मल हो जाती है

चढ़ती बेलें

बीच सड़क पर
जूते का फ़ीता बाँधा था
गुँथे बालों की लड़ी
बार-बार फुदक जाती
क्लिप के फाँस में भी नहीं आती

देखते-देखते
बचपन की लड़ियाँ
फुनगियों पर चलकर
कॉलेज की दीवार पर चढ़ गईं

नाज़ुक डालें और कच्ची गाँठें
अलमस्त होती हैं
और दिशाहीन भी

अलबलाई बेलें आज समन्दर पर
बिछ जाना चाहती हैं
क़ाबिज़ हो कर
कब्ज़ा लेना चाहती हैं

खारे पानी पर बेलें
कहाँ टिकती हैं?

भावनाएँ नरम हैं
और आग़ोश में सख़्ती

समन्दर किनारे हवाएँ तेज़ चलती हैं
बावरी हवाओं पर बेलें थिरकती हैं

उसे नहीं पता
हवा की बौराती दिशा पर
थिरकन नहीं होती

कॉलेज की दहलीज़ पर
आज फिर जूते से
फ़ीता सरक आया

शायद अन्तिम बार
बाँध रहा हूँ फ़ीता
उसे अब शर्म आ रही है!

डगमगाने से बचने के लिए
अब उसे यह कला सीखनी होगी

दस्तक

[बेटी मन्नत के लिए]

खिलखिलाती-चहकती
देखते-देखते
वह अब बिलकुल गम्भीर हो चुकी है

मुस्कुराहट के कोर पर
चिन्ताओं की झुर्रियाँ
चुपके-से क़ाबिज़ हो रही हैं
जबकि आदम बनने का
सफ़र तय करना अभी बाक़ी है

अब उसकी उँगलियाँ भी
कह रही हैं
नीले रंग से 'सहमत'

बचपन की पकड़
उँगलियों पर मेरी
इतनी ज़्यादा मज़बूत थी
कि छूटने पर भी
पकड़न मेरी उँगली से लिपटी रह जाती

अब थोड़ी दूर भी जाती है तो
झट से उसकी कलाई कसकर पकड़ लेता हूँ

उसे देखते रहने की आदत
छटपटाहट है मेरी

कमज़ोर परन्तु उग्र टुस्सियों में
उठी बल-सी है
जिसे बहुत जल्द
फूस पर नहीं
कंक्रीट पर फैलना है

अवाम के शोर में
वह भी एक आवाज़ है

तुम्हारे पास आऊँगा

जब टूट कर बिखरूँगा
तुम्हारे पास आऊँगा

जब सीमाओं के परे बहूँगा
तुम्हारे पास आऊँगा

खिड़की के टूटे शीशे में
फँसा लम्हा जब फड़फड़ाएगा
हवा का झोंका अन्दर से बाहर जाएगा
तुम्हारे पास आऊँगा

समन्दर पार करने की कोशिशों में
जब बार-बार फिसलूँगा
पसीने से लथपथ
रेतीली प्यास से जब मिलूँगा
तुम्हारे पास आऊँगा

बहकते भाव जब
ज़ख़्म के सीलन बनेंगे
ज़ख़्म की गहराइयाँ
रिसते आँसुओं से न भरेंगी
तब तुम्हारे पास आऊँगा

बारहा आऊँगा तुम्हारे पास
ताकि, मेरी लाउबाली को प्रेमपाश मिले

सिक्त गालों पर बोसे हज़ार मिलें
दर्द के सीलन तब गर्माहट में घुले

मन के बाँबी में पड़े
दर्प को निस्तार मिले
और मेरी कविता को विशद भाव मिले

प्रेम का आरक्षित आवास

जहाँ बूँदें
बर्फ़ से पिघल
बनती हैं नदी

जहाँ फूल
सृजन से पहले
बसा लेता है ख़ुशबू

कोमलता
जन्म से पहले
चिपक आती है स्पर्शों में

जहाँ पिघलकर
आज फिर
उग आया है सूरज

जहाँ पत्थरों की कोख में
जिजीविषा की उनींदी में
सो गई है दूब

जहाँ रेतघड़ी के दोनों हिस्सों में
उलटते-पुलटते हैं हम-तुम

जहाँ ऊनी धूप की किर्चियाँ
पत्तियों से झाँककर
लिखती हैं तुम्हारा नाम

जहाँ तुम्हारी जुम्बिश
और मेरे कम्पन के बीच
एक अदृश्य डोर बन बैठा है प्रेम

आदतन

दवाई खाना
अक्सर भूल जाता हूँ

सोते वक़्त चादर ओढ़ना
भूल जाता हूँ

टूथपेस्ट का ढक्कन लगाना
भी भूल जाता हूँ

कई बार
ख़ुद से भी मैं
मिलना भूल जाता हूँ

शेविंग करके
शेविंग ब्रश धोना
भूल जाता हूँ

बोतल से पानी पीकर
ढक्कन लगाना भूल जाता हूँ

कभी टी.वी. ऑफ़ करना
तो कभी पॉवर ऑफ़ करना
भूल जाता हूँ

गाना सुनते वक़्त
तुम्हारी बातें सुनना
भूल जाता हूँ

तुम्हारी हद में आकर मैं
अपनी सीमाएँ भूल जाता हूँ

वो सारी तारीख़ें
जो बन्धनों वाली हैं
सच में भूल जाता हूँ

तुम्हारे मेरे दरमियां जो ख़ाली है
उसे भी भरना भूल जाता हूँ

हाँ मैं भूलता हूँ
क्योंकि
तुम्हारा सँवरना मुझे सबसे प्रिय है

हम-तुम-1

एक स्थिति हैं
हम-तुम

वो जो डाल पर बैठे
तोता-मैना हैं
वो हम-तुम हैं

पेड़ की जो दो फुनगियाँ हैं
आपस में बिन बात बतियाती रहती हैं
वो हम-तुम हैं

कुमुदिनी के फूल
जोड़ों में ही खिलते हैं
दो दिन के लिए ही सही
खिले थे एक ही गमले में हम-तुम

हम हैं स्टेशन की पटरियाँ
जो शुरुआत में समानान्तर
और आगे जब चाहे
क्रॉसिंग पर गले मिल लेती हैं

या फिर हम हैं
नाव के दोनों चप्पू
साथ चलने से जिनके गति रहती है

और जो गंतव्य पर पड़े रहते हैं
एक साथ रात काटने के लिए

हम हैं
एक्वेरियम में तैरती
नीली-सुनहरी मछलियाँ
मौन को चुगती, इशारों में बतियाती

या फिर पिंजड़े को
अपना घर बनाते गिनी पिग

हम दोनों हैं कभी दो
असंख्य या फिर
सिर्फ़ शून्य

हम-तुम-2

भागते हुए पेड़ों में किसी एक को
बिन बताए साथ-साथ देखते हम

अबोध दृष्टि से जब वह देखती
तो लगता सारे साध पूरे हुए

निस्तेज शून्य पुतलियों में
रह-रह कर उभरते पृथुल नयन

दबती-खिसकती सिकता-सी
सुखद उसका स्पर्श
मुस्कराती तो हिमश्रृंग पर धूप खिल जाते

उसकी बिन्दी सुलगती
जैसे गाँजे की कली-सी अग्निशिखा

दिल में ऐसे अँट गई वह
कि तिल रखने भर जगह शेष नहीं

याचक मैं बना
जबकि वो अदेय नहीं

फिर भी हम
धरती और समुद्र में होती
झूठी लड़ाइयों की तरह लड़ते रहे...

ऊनी देह

यादों की राख पर
क़तरे की बूँद बनकर फैलूँगा
लम्हा जो राख हो चला है
उसे गीले अश्कों से सोखूँगा

तुम्हारे हाथ की सीधी रेखाएँ
उलटी तरफ़ से पढ़ूँगा
पढ़कर बीती रातों के
उलझे लम्हों से गुज़रूँगा

मोहनजोदड़ो की लिपि
अगर बन गई हो तुम
तो तुममें छिपे
सारे संकेत पढ़ूँगा

बिखरती-सिमटती रहती
छाया तुम्हारी
उस पर पेंसिल चलाऊँगा
फिर रबड़ से मिटाऊँगा

ऊनी देह को उधेड़
फिर से मैं बुनूँगा
ज़िन्दगी मेरी जुड़वाँ
तुझे फिर से मैं जिऊँगा

दुख-सुख

माँ आई
बैठी सामने
मैंने दुख को नहीं
माँ को देखा

पिता आए
गले लगाए
मैंने सुख को नहीं
पिता को देखा

क्षण भर में पिता ने
आग़ोश से अलग कर दिया
तब जाना कि सुख क्षणिक है

स्थायी दुख की दवा खोजती
माँ अब भी वहीं बैठी है

और मैं
दुख को दुख की तरह
प्रेम करने की यात्रा पर हूँ

मुझे फिर वहीं लौटना है

सूप फटकते हुए
धूल और ग़ुबार के बीच
माँ का चेहरा ताकना
और फिर माँ के बालों से
बाली की फाँस बीनना

मुझे फिर वहीं लौटना है

आटा गूँथते हुए
सुगढ़ नाक की नोक पर
लटके नमकीन मोती को
अपने आस्तीन से पोंछना

मुझे फिर वहीं लौटना है

मुझे लौटना है
क्योंकि जब यह घट रहा था
मेरी किताब ने
मेरा मुँह ढक रखा था

दृश्य में शब्द बेआवाज़ थे
और
हँसिया और हथौड़े पर
जौ की बाली रखते हुए
पिता हर बार की तरह नदारद रहे

वो उस समय भी नहीं थे
जब माँ के बालों का श्रृंगार
सिन्दूर नहीं
आटा की लकीरें कर रही थीं

उस समय भी मैं
अपना मुँह ढाँपे क़िताब से
अन्धकार में भविष्य के जुगनुओं को बटोर रहा था!

अब आसमान से सितारे नोच कर
उसकी सूप के कोरों को सजाना है

सच, मुझे अभी लौटना है

सर्पीली लटें

तुम्हारी लटें लहरा नहीं रहीं
कम्पन अन्तस का डोल रहा है

मन के उथले क्षितिज पर
सपनों की टुस्सियाँ फैल रही हैं

नाख़ून कितना भी काटो
बदस्तूर बढ़ता जा रहा है

सावधान
वो नन्हा-सा सर्प तुम्हारे भीतर
अवचेतन में जन्मेगा-पनपेगा
और फिर दिग्भ्रान्त केंचुली को पहन
तुम्हारी लटों में बदल लहराएगा

लपेट लो इन्हें अपने जूड़े में
ये लपटें भावनाओं की हैं
बढ़ते नाख़ून से खुरेचना
उन जमी हुई खुरचन को

कच्चे विष-दन्त ने अभी डसना सीखा नहीं
पर सीखना तो स्वाभाविक प्रवृत्ति है
डंक मारना प्रकृति नहीं तुम्हारी
पर प्रवृत्ति प्रकृति को पैरहन ओढ़ाती है

घुँघराले बाल मेरे
मुझे और मेरी छाया
दोनों को भ्रमित करते हैं

रुद्र और बुद्ध तो
हम सब में हैं
बस, लटों को बाँधना किसे आता है...

माँ की सहेलियाँ

कंक्रीट के जंगल में
कई झुटपुटे एकान्त हैं
उन झरोखों से झाँकती हैं
झुर्रीदार आँखें

कबूतरों के अस्थायी घोंसलों में
कहीं गुम हो गई हैं
माँ की प्यारी सखियाँ

कभी-कभी खोजने लगती हैं
पापा के साथ आने वाली
दोस्तों के चेहरे में उनको
या कभी मेरे दोस्तों की माँओं में

खोजने लगती हैं पास-पड़ोस की
मुँहबोली चाची, मामी, काकी में
गुम हो गई अपनी सहेलियों को
जो थी नादानियों के दिनों की
उनकी सबसे अच्छी दोस्त

माँ टकटकी लगाए
झुटपुटों से राह तकती
झुर्रियों का दायरा बढ़ाती
अन्तहीन प्रतीक्षा में है

स्मृतियाँ ख़ुद को बस दोहराती हैं
याद आती है
बस, नहीं आती हैं तो माँ की सहेलियाँ

पिता-1

पिता, तुम उस पत्र की तरह हो
जिसकी लिपि मेरी समझ के बाहर थी
बचपन से इलेक्ट्रॉनिक सर्किट बोर्ड की तरह
तुम मुझे अबूझ अनजान मिले

जटिलता स्वभाव से निकल
आवाज़ में उभरती थी
और फिर अन्तरिक्ष में उभर
वाणी बन गूँजती रहती थी

वो गूँज
मेरी स्मृति के कानों में
सों-सों बज उठती है
और उन दिनों की ही तरह
आज भी मैं
अपने कान बन्द कर लेता हूँ

पिता तुम चाँद थे मेरे लिए
जिसमें अमावस्या
नियति से ज़्यादा मिली थी
बहुत दूर दिखते थे तुम

पिता, तुममें पुरुष बहुत ज़्यादा था
और स्त्री की मात्रा बहुत कम
और माँ पूरी की पूरी स्त्री थी
और यूँ वो तुम्हें ताउम्र पूजती रही

आज मैं भी पिता हूँ
और ख़ुद में तुम्हारी उपस्थिति
छानता और पृथक करता रहता हूँ
न्यूनतम तुम
अब मेरी पहचान है

पिता-2

पिता! मेरे कन्धे की
एक टहनी टूट गयी है
प्रौढ़ वृक्ष हूँ मैं अब
और मेरी घनी-लदी शाखाओं में
कोई छिद्र तक नहीं दिखता
सूरज की महीन रौशनी भी
इसे वेध नहीं पाती

पिता! मेरा लदा हुआ होना
मेरी स्थिति का द्योतक है
समय से ज़्यादा
स्वयं के भार में
तुम्हारे दबे होने का अहसास लिए
फलता-फूलता हूँ मैं

आज अचानक चटकी टहनी में
तुम्हारी पीड़ा और जंग लगे दर्द
अपने हस्ताक्षर करते दिख रहे हैं

तुम्हारी धज को रेशा-दर-रेशा बिखरते
मूक देखता था कभी
और तुम्हारे आग़ोश से ही
अपनी स्वतंत्रता का उद्घोष
थाली पीट कर किया था मैंने
वैसे पिता! स्वतंत्रता का एक तमाचा
आज भी बाएँ गाल पर छपा है

पिता! तुम्हारी टहनियों और पत्तों को
रोज़ गिरते झरते देखता था
वो पत्ते रोज़ गिर कर
मेरे पथ के काँटों को ढाँपते थे
मैं पत्तों को देखता था
पर काटों ने कभी
अपनी शक्ल नहीं दिखाई
आज जब तुम्हारे सारे पत्ते झर चुके हैं
तो पहली बार काँटे ने मुझे डसा है
और आज ही मेरे कन्धे की
पहली टहनी चटकी है

पिता-3

कन्धा सरकता है बच्चे की ओर
जिसका सिर नींद में ऊँघता है
फिर वो बच्चा
और गहरी नींद लेता है

हाथ हाथ को ढूँढ़ता है
मिलता है
फिर उस पर उठकर रुक जाता है
जकड़ लेता है आलिंगन में

मेले में खोया बच्चा
बस, अबाध ताकता है

नज़रें हमेशा सख़्त होती हैं
हर क़दम, हर हरकत पर निगहबान
दायरे में रखती हैं

घर के बाहर रहकर भी
लक्ष्मण रेखा पर टिकी
दहलीज़ पर रख छोड़ती हैं दो आँखें

हथेली
नन्ही अँजुरी को ढाँपती है
बेटी तन्हाई को अपना साथी बनाती है
किसी कोने को पकड़ना चाहती है

फिर रुक जाती है
किसी के स्पर्श की गर्माहट काम आती है

क़दम साथ चलते हैं
काँटे बुनते, रास्ता दिखाते
उन्हीं क़दमों के नक्श में
रेत पर, बर्फ़ में सँभलकर
नन्हे-नन्हे क़दम भी चलते हैं

दृश्यों से परे
एक और समानान्तर दृश्य है
जिसमें पिता नदारद हैं

पिता-4

वे दरख़्त होते हैं
घर जिनकी आग़ोश में खेलता है

वे कितनी बार टूटते हैं
कभी कच्चे, कभी पक्के
पिता पेड़ की तरह
टहनी-दर-टहनी जलावन बनते हैं

साँय-साँय जंगल की तरह
पिता जागते हैं रात भर
पीपल के प्रेत-सी भूख उल्टे पैर
पिता के विचारों में हिलती रहती है

अंतड़ी में जमा पित्त
कथरी-सा हृदय से लगातार रिसता
भूख का आँसू है

चेहरा पानी से नहीं
आँसू से धुलता है
दृश्य और धुँधला दिखाई पड़ता है

ऐसा कभी-कभी नहीं
अक्सर होता है

पिता के अबोले शब्द को
माँ की आँखें बोलती हैं

और उनके जलते शब्दों को
माँ के शब्द ढक देते हैं

कड़वी दवाई के ऊपर
एक चुटकी चीनी का आवरण है

दवाई अपना काम
युगों से कर रही है

पिता-5

ज्ञान की नदी पार करते वक़्त
पिता का कन्धा पुल था
जो कभी नहीं झुका

माँ अन्तर्ध्यान हो गई
तब पिता का एक डैना
अचानक टूट गया

पंडित ने गरुड़ पुराण पढ़ते हुए
चतुर्मुखी घी के दीये में
चार बतासे भी डाल दिए

घंटों दरवाज़े पर
जलती घी की बाती
जलने के बाद भी
लौ ज़िन्दा रही

उस दिन जाना
अन्त में मीठे को भी
जलना ही होता है

शेल्फ़ में शब्द-1

नीम-सी नींद में
कुछ शब्द, कुछ पंक्तियाँ
उछलती-कूदती-लहराती
मेरे कानों में टँगी रह जाती हैं

बाहर अलगनी पर
तुम्हारी साड़ी टँगी है
और मेरी शर्ट

हवा जैसे ही हिलोर लेती है
मेरी क़मीज़ की बाँहें
तुम्हारी साड़ी से लिपट जाती हैं
और कम्बख़्त धूप उन्हें
बार-बार अलग कर देती है

अचानक सारे शब्द ग़ायब होने लगे
ढूँढ़ने के लिए जैसे ही उठा
देखा, बाँह पकड़े तुम सो रही हो
मैंने हौले-से अपने हर्फ़ छुड़ाए

अब सूख गए कपड़ों को
उतार लाया हूँ अलगनी से
और बड़े सलीक़े से
टाँग दिया शेल्फ़ में

कपड़ों के बीच अब निर्वात हैं
मेरी क़मीज़ की बाँहें
और तुम्हारी साड़ी का पल्लू

दोनों ही ख़ामोश
अपनी-अपनी जगह के सरमायेदार
पड़े हैं बन्द करके अपनी आँखें
उसी शेल्फ़ की तिजोरी में

शेल्फ़ में शब्द-2

सूरज जाग चुका है
शब्द गूँगे होने लगे हैं
चाय की चुस्कियों के साथ
मोबाइल में हम दोनों
अपने शब्दों को टटोलते-टटोलते

सूरज के ढलने तक
डिजिटल बाढ़ में फँसे
देर तक लौटता हूँ घर
रात चुपके-से मुझसे पहले
आकर घर में बैठ गई है
और जब मैं लौटा तो
शेल्फ़ में पड़े शब्द
इन्तज़ार में थे हमारे सोने के

हाँ, कल फिर तुमने नींद में
मेरी क़मीज़ की बाँहों को
अपनी उँगलियों में दबाए रखा था

प्रेम

गीली मिट्टी के लोंदे-सी
जैसी इच्छा
आकार वैसा ही

गीली मिट्टी कुछ नहीं कहती
कोई सूरत
कोई भी शक्ल दे दो
कोई विरोध-प्रतिरोध नहीं
तब तक
जब तक
संकल्प और बन्धन की अग्नि में
पक कर
छूट जाती है उससे ही
उसकी प्रकृति

आकार में
हल्का-सा भी सायास परिवर्तन
चटक दरार पैदा करता है

फिर से लोंदे नहीं बन पाते
बनते हैं तो सिर्फ़ लाल सुर्ख़ मिट्टी

मेरी बच्ची!

जीवन पत्तियों की तरह है
आज हरी तो कल सूखी

बसन्त में खिलखिलाई
पतझड़ में बहुत याद आई

इसीलिए
मेरी बच्ची!

लहलहाना ज़रूर
जब आँधियाँ चलें
तुम जड़ मत हो जाना
जड़ बन जाना
रहना ऋतुओं के असर से बेअसर
बसन्त और बरखा को अपने भीतर बचाए
दुनिया को जीवन्त और नम बनाने के लिए

मेरी बच्ची!
ख़ूब खेलना
खेलने के लिए खेलना
जीतने के लिए मत खेलना

पत्थर तो डूब जाते हैं
तुम तिनका बन तूफ़ानों में भी तैरना
बनना डूबते का सहारा

मेरी बच्ची!
चमकना तुम इतना
कि अँधेरे में भी कोई आँख
स्याह न रहने पाए

पसर जाना रौशनी की तरह
कि हाथों को थामने के लिए हाथ मिल जाए

जीवन पथ पर बहुतायत शून्य
शक्ल बदल-बदल कर मिलेंगे
तुम सीखना...
छिद्र शून्य से बचना
और विच्छेद शून्य को गले लगाना

मेरी बच्ची!
तुम प्रकृति हो
देती हो मुझे बार-बार जीवन
करती हो मेरा पुनर्नवा

टिमटिमाना

टिमटिमाहट
रगों में उतर आई
ख़यालों के पंख उगे
और लम्हों का दायरा टूट गया

तारीक़ को चीरकर
क्षितिज से बाहर एक डेग
आसमान पर रखकर देखता हूँ
तितलियाँ परियों से जा मिलती हैं

वे रात में तारे बन जाती हैं
उनकी उम्र बस
ख़्वाहिशों-सी छोटी होती है

आसमान से बेदख़ल
परियों के पंख झरते हैं
कुछ सपनों के भीतर
कुछ बाहर गिरते हैं

चिरन्तर टिमटिमाती हैं सम्भावनाएँ
इच्छाओं और सितारों की तरह
भस्म नहीं हो जातीं

सपनों को भी नहीं पता
कि मिनटों में मीलों पहुँचना
भस्म होने की यात्रा है

कायान्तरण में कविता

समय की प्रतीति टुकड़ों में बँटी है
होंठ और गिलास के बीच
वितृष्णा और तिश्नगी के पानी
एक-सी थिरकन लिये हिल रहे हैं

अदाकार और प्रॉम्पटर के बीच
चुप्पी में गुथा है समन्यवक
दोनों को नहीं पता
कि अगले पल कौन हँसेगा

कलदार सिक्का बिना खन-खन के
काल के झरोखे से गिर पड़ा
पुरानी खनक को सुनने के लिए
उसे बार-बार पटका जा रहा है

पर्यावरणविद अचम्भित है
एक चींटे को देखकर
दीवार पर रेंगते-रेंगते वो ठिठक गया
और वातावरण में नमी बढ़ गई

कायान्तरण में लोगों की बढ़ती दिलचस्पी
और रंगमंच से विरक्ति
यह सब देखते-देखते
नाटक मंच से खुद बाहर निकल गया

वृथा हैं कमज़र्फ़ के सारे प्रपंच
शब्दों का पाखंड अब मेरे पास नहीं

अब मैं कविता में भी ढूँढ़ रहा हूँ
कर्ता, क्रिया, कर्म...

दर्पणी आँखें

आखेटक के तीर की तरह
लटें छूती निकल गईं
मेरी आँखें बिजूका-सी
खुली की खुली हैं तब से

ज़्यादा चमकदार चीजें
आँखों में समा नहीं पातीं
लकदक चेहरे की बत्ती
थोड़ी धीमी कर लो

पैरों के पोरों को देखा
और चूम बैठा
भीतर का शोर धीरे-धीरे अस्त होने लगा
और बादलों ने आसमां का दरवाज़ा खोल दिया है

सूरजमुखी को देख धूप से मोह जोड़ता हूँ
नज़दीक जाकर देखता हूँ
पेड़ की छाल उतार कर
वहाँ कोई नाम लिख रहा है

अब हम वर्तमान से छिटककर
फ़िकरे और मुहावरे के बाहर
रहस्य में घुलते जा रहे हैं

भीतर एक धार है
जिसे झील में बदलना है

पानी के कीट-पोत की तरह
दिशाहीन बस बढ़े जा रहा हूँ

एक झिर्री से ताकती हैं
दो नज़रें आर-पार
एक की आँखें पारदर्शी
और दूसरी दर्पणी

मनाता हूँ
कि आँखों से गुज़रते हुए
जिस्म पारदर्शी हो जाए
और मैं सारे लबादे एक-एक कर उतार दूँ

✪✪✪